나의 사랑 나의 신부 순영에게!
— 이루리

내게 행복을 주는 그림책

2019년 7월 12일 초판 1쇄
2022년 6월 28일 초판 3쇄

지은이 이루리
펴낸이 이순영 **편집** 김지선, 이지혜 **디자인** 양태종, 남철우 **마케팅** 이향령, 신유정
펴낸곳 북극곰 **출판등록** 2009년 6월 25일 (제300-2009-73호)
주소 서울시 마포구 독막로 320 B106호
전화 02-359-5220 **팩스** 02-359-5221
이메일 bookgoodcome@gmail.com **홈페이지** www.bookgoodcome.com
블로그 blog.naver.com/codathepola **페이스북** www.facebook.com/bookgoodcome
ISBN 979-11-89164-62-1 03370 **값** 22,000원
ⓒ 이루리 2019

이 책의 국내외 출판 독점권은 도서출판 북극곰에 있습니다.
저작권법에 의해 보호를 받는 저작물이므로 무단 전재와 복제를 금합니다.

*이 책에 나오는 그림책의 표지 그림과 본문 그림을 제공해 주신 여러 출판사에 진심으로 감사드립니다.

내게
행복을 주는
그림책

이루리 지음

작가의 말

내게 행복을 주는 그림책

　서른 살에 만난 그림책은 제게 행복을 주었습니다. 때론 웃음을 주고, 때론 눈물을 주고, 때로는 저를 깜짝 놀라게 하고, 때로는 너무 아름다워서 탄성을 지르게 했습니다. 그림책 때문에 정말 행복했습니다. 그림책이 너무너무 좋아서 친구들에게 그림책을 보여 주고 싶었습니다. 하지만 서른 무렵의 제 친구들은 아무도 그림책을 보려고 하지 않았습니다. 제 이야기를 들어 보려고도 하지 않았습니다. 제가 그림책을 만나기 전에 그랬던 것처럼 친구들은 그림책이 어린이나 보는 책이라고 생각했습니다.

　그림책이 너무 좋은데 아무도 그림책 이야기를 들어주지 않아서 제게 행복을 주는 그림책을 소개하는 글을 쓰기 시작했습니다. 그림책은 단순한 어린이 책이 아니라 영화처럼 독립된 예술 작품이라고, 연소자 관람가 그림책도 있고, 19금 그림책도 있다고. 제가 그림책 덕분에 행복해진 것처럼 여러분도 그림책 때문에 행복해질 수 있다고 말하고 싶었습니다.

　단 한 번의 황홀한 경험이 인생을 바꿉니다. 태어나서 처음 본 그림책 『지각대장 존』이 제 인생을 바꾼 것처럼, 제가 진심으로 소개하는 한 권의 그림책이 여러분의 인생을 바꿀 수 있다고 생각합니다. 그래서 저는 진심으로 좋아하는 그림책만 소개합니다.

    더불어 저의 진심이 세상을 바꾸는 데 도움이 되기를 바랍니다. 훌륭한 예술 작품은 독자에게 사랑을 선사합니다. 그림책으로부터 웃음과 눈물과 깜짝 선물을 받고 아름다운 탄성을 지른 독자는 스스로 질문을 던지고 성장합니다. 스스로 음미하고 탐구하며 스스로를 성장시킵니다. 그림책으로 전하는 저의 진심이 여러분의 삶을 행복하게 만드는 촉매가 되면 좋겠습니다.

    지금 저는 좋아하는 그림책을 보고, 좋아하는 사람들을 만나고, 좋아하는 그림책을 만들며 살고 있습니다. 여러분 모두 좋아하는 책을 보고, 좋아하는 사람들을 만나고, 좋아하는 일을 하며 행복하게 살면 좋겠습니다. 그렇게 세상 모든 사람이 꿈을 이루면 좋겠습니다.

2019년 3월
이루리

차례

작가의 말 – 내게 행복을 주는 그림책 · 4

제1장

순수한 웃음을 주는 그림책

영화 같은 그림책 『돌이 척척 개구리 쿵쿵』 · 12

가장 시원하고 사랑스러운 여름휴가 『할머니의 여름휴가』 · 17

웃기다가 울리는 진짜 코미디 『빨강 크레용의 이야기』 · 23

상식을 뒤엎는 반전 『돼지꿈』 · 28

연 하나로 삶의 비밀을 보여 주는 그림책 『다 붙어 버렸어!』 · 34

풍선이라는 희망 『행복한 가방』 · 39

아무것도 없는 것을 찾아다니다 『이보다 멋진 선물은 없어』 · 44

웃기려고 작정하고 만든 그림책 『아무것도 아닌 단추』 · 49

룸룸파룸 룸파룸 『버스를 타고』 · 54

고품격 유머와 극적인 몸 개그 『다시 돌아온 조지와 마사』 · 58

옛이야기를 새롭게 『나르와 눈사람』 · 64

부패한 권력을 조롱하다 『양들의 왕 루이 1세』 · 68

수면 도우미의 반항 『고집불통 4번 양』 · 74

엄마의 거짓말 대잔치 『왜냐면…』 · 79

글과 그림이 부르는 노래 『빨간 열매』 · 84

제2장

찡한 눈물을 머금은 그림책

사랑이라는 빨간 끈 『나는 기다립니다…』· 90

엉터리 표지, 엉터리 집배원, 엉터리 작가 『엉터리 집배원』· 95

'우리'는 왜 그랬을까? 『친절한 행동』· 100

집에 돌아간다는 희망 『우리 아빠는 위대한 해적』· 105

누구에게나 최고의 소풍이 있다 『할머니 주름살이 좋아요』· 110

어른에게 전하는 커다란 울림 『이제 그만 일어나, 월터』· 115

누군가의 빈자리 『오늘은 5월 18일』· 120

어른들은 눈뜬장님 『크리스마스 선물』· 125

인생의 시련을 어떻게 받아들이는가 『간식을 먹으러 온 호랑이』· 131

영원히 살 수 있다면? 『사과나무 위의 죽음』· 136

당신이 혼자 남겨진다면… 『누가 상상이나 할까요?』· 141

크로키가 붙잡은 순간들 『어느 개 이야기』· 145

로쿠베가 구덩이에 빠진 날 『로쿠베, 조금만 기다려』· 150

건설업자의 예술적 변신 『힘센 브루저』· 155

이름 없는 두 주인공 『이름 짓기 좋아하는 할머니』· 159

수수께끼 같은 소녀와 사자 『집으로 가는 길』· 163

생각의 씨앗을 선물하다 『내 마음속에는』· 167

잊은 줄 알았던 상처 『몬스터 콜스』· 172

제3장

깜짝 선물을 안겨 주는 그림책

벌러덩 뒤로 넘어질 이야기 『알』 • 178

환상적이고 섬뜩한 작품 『심야 이동도서관』 • 183

'더럽게' 매력적인 그림책 『머릿니』 • 189

당신은 지금 여기서 무엇을 하고 있나요? 『악어 씨의 직업』 • 194

새로운 세계관 『새내기 유령』 • 201

정말 기발하지 않습니까? 『프랑켄크레용』 • 206

등골이 서늘해지는 디지털 시대 『안녕, 블립』 • 211

사진 속의 사진 속의 사진 『시간 상자』 • 216

마음을 훔치는 코믹 호러 『오싹오싹 팬티』 • 221

가치관의 변화를 다시 쓰고 그리다 『곰 세 마리』 • 226

소설일까? 만화일까? 그림책일까? 『인어 소녀』 • 232

천의 얼굴을 가진 주황색 『뼈를 도둑맞았어요!』 • 236

살다 살다 너 같은 사람은 처음? 『어느 날, 아무 이유도 없이』 • 241

제4장

아름다운 탄성을 부르는 그림책

시인과 화가가 빚은 마술 『흰 눈』 · 248

붉은 색연필로 노래한 불멸의 늑대 『커럼포의 왕 로보』 · 254

자세히 보아도, 멀리 보아도 『팔랑팔랑』 · 262

흑백 세상에 빨강 모자 『심부름 가는 길에』 · 267

우리가 돌보지 않아도 아름다운 『거리에 핀 꽃』 · 272

한 사람의 늙음에 바친 찬사 『오필리아의 그림자 극장』 · 277

시에 깃든 그림 이야기 『눈 내리는 저녁 숲가에 멈춰 서서』 · 282

기적 같은 일이 벌어지다 『공원을 헤엄치는 붉은 물고기』 · 289

잊지 못할 선물 『리틀 산타』 · 294

내 눈에서 행복한 변화가 시작되다 『한밤의 정원사』 · 298

이 책에 실린 그림책 목록 · 303

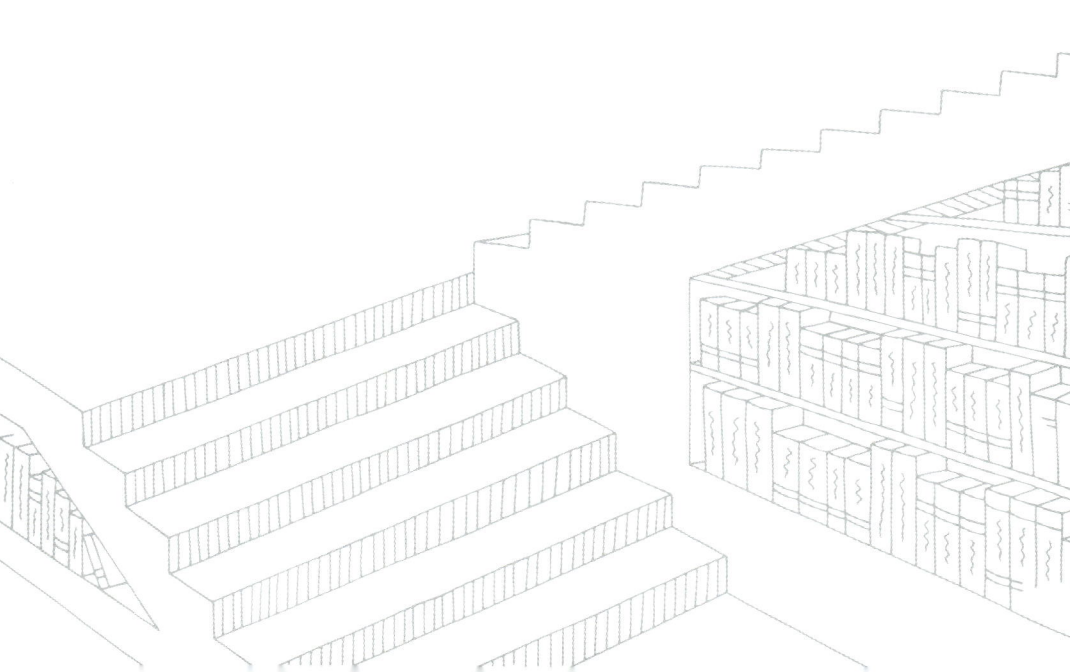

제1장 순수한
웃음을 주는
그림책

웃음 앞에서
과거의 후회와 미래의 불안은 맥을 못 춥니다.
웃음은 언제나 지금 이 순간이기 때문입니다.
웃음이 우리를 현자로 만듭니다.

영화 같은 그림책
『돌이 척척 개구리 쿵쿵』

신동흔 기획 | 김정은 글 | 김경주 그림 | 오진목 빛그림 | 한솔수북

무슨 뜻일까?

제목이 『돌이 척척 개구리 쿵쿵』입니다. 무슨 뜻일까요? '돌'이란 말과 '척척'이라는 말이 척척 들어맞지가 않습니다. 단단하고 움직이지도 못하는 돌이 무슨 말이든 척척 알아듣거나 무슨 일이든 척척 해낼 수는 없으니까요. 또한 '개구리'라는 말과 '쿵쿵'이라는 말도 어울리지 않습니다. 개구리는 개굴개굴 울지요. 개구리가 쿵쿵거리는 모습은 상상도 할 수가 없습니다.

그런데 왜 제목이 『돌이 척척 개구리 쿵쿵』일까요? 옛이야기는 입에서 입으로 전해지면서 더욱더 다듬어지고 더욱더 흥미롭게 만들어집니다. 『돌이 척척 개구리 쿵쿵』을 만든 사람들은 제목부터 독자의 호기심을 충분히 자극하고 있습니다. 도대체 말이 안 되는 단어를 조합해서 너무너무 궁금한 제목을 만든 것입니다. 과연 이게 무슨 뜻일까요?

뜻을 알아도 신기한 제목

이제 『돌이 척척 개구리 쿵쿵』이라는 제목의 의미를 알려드리겠습니다. 돌이와 개구리는 두 주인공의 이름입니다. 부유한 양반집 아들인 돌이는 어떤 질문에도 대답을 척척 해냅니다. 그래서 '돌이 척척'입니다. 돌이의 친구인 개구리는 아주 가난한 집의 아들입니다. 그런데 냄새 하나는 기가 막히게 잘 맡습니다. 그래서 '개구리 쿵쿵'입니다.

그러니까 이 책은 대답 잘하는 돌이와 냄새 잘 맡는 개구리가 임금님의 도장인 '옥새'를 찾는 모험 이야기입니다. 여기까지 듣고 나면 다들 이 책의 줄거리가 어떤 내용일 거라는 짐작을 하게 됩니다. 하지만 미리

이런 얘기가 있어.
옛날에 글방에 같이 다니는 아이 둘이 있었는데,
윗집 사는 돌이는 잘살고
아랫집 사는 개구리는 살림이 어려웠거든.
근데 둘 다 재주가 많아.
돌이는 누가 뭘 물어보든지 척척,
개구리는 누가 아침에 뭘 먹었는지 코로 쿵쿵,
둘 다 대번에 알아내는 재주가 있었단 말이야.

말씀드리자면, 『돌이 척척 개구리 쿵쿵』에는 아무도 짐작할 수 없는 이야기가 담겨 있습니다. 그야말로 예측 불가, 상상 불가입니다.

게다가 『돌이 척척 개구리 쿵쿵』이라는 제목에 대한 설명을 듣고 나서도 독자들의 마음은 여전히 개운하지 않을 것입니다. 척척박사 이름이 왜 돌이일까요? 쿵쿵 냄새를 잘 맡는 아이가 왜 개구리일까요?

한지 공예와 사진으로 만든 그림책

『돌이 척척 개구리 쿵쿵』은 김경주 작가가 한지로 등장인물과 배경을 모두 만들고 오진목 작가가 사진을 찍어서 만든 그림책입니다. 표지에는 돌이와 개구리가 소달구지를 타고 신나게 한양 구경을 하는 모습이 나옵니다. 한지로 만들고 구성한 다음 다시 사진으로 연출한 장면이라서 마치 영화의 한 장면을 보는 것 같습니다.

앞에 앉아서 소를 몰고 가는 돌이와 개구리는 무슨 얘기를 하는 건지 신나게 웃고 떠드는 모습입니다. 심지어 달구지를 끌고 가는 소마저도 즐거워 보입니다. 그리고 돌이와 개구리 뒤로 두 사람이 더 달구지에 타고 있습니다. 그런데 두 사람의 얼굴은 그리 밝아 보이지가 않습니다. 두 사람은 웃고 있는 돌이와 개구리를 걱정스럽게 바라보고 있습니다. 도대체 이 두 사람은 또 누구일까요?

옛이야기 그림책이 재미있다!

옛이야기 그림책은 참 재미있습니다. 이야기는 재미가 없다면, 오랜 세월을 견디고 살아남아 후대에 전해질 수가 없기 때문입니다. 따라서 지금까지 전해진 옛이야기는 문학적인 면에서 볼 때 대중성과 예술성을

"아, 그렇게 다니다 보니 약속한 한 달이 다가오네.
근데 이날 달구지 소리가 말이지.
'찌그덕 풍당, 찌그덕 풍당!' 이러는 거야.

그래 돌이랑 개구리가
'찌그덕 풍당! 찌그덕 풍당!' 신나게 따라 부르거든.
좋다고 따라 한양 구경이 어찌나 힘들던지 말도 못해.
'아이고, 찌그덕 풍당이고 뭐고 죽겠다.'
'그러게, 찌그덕이고 풍당이고 다 죽겠다.'"

모두 갖춘 훌륭한 문화유산입니다.

　이렇게 탄탄한 문학성을 갖춘 옛이야기를 그림책으로 만드는 일은 신나고 흥분되는 작업입니다. 특히 출판 현장에서 그림책을 기획하고 만드는 일을 하는 저에게, 그림책 『돌이 척척 개구리 쿵쿵』은 경이롭고 부러운 작품입니다.

　물론 한지 공예로 등장인물과 배경을 하나하나 작업한 김경주 작가는 정말 힘든 시간을 견뎌야 했을 것입니다. 하지만 동시에 그 힘든 시간을 견디게 만든 작업의 즐거움 또한 컸을 것입니다. 하나하나 표정이 살아 있는 등장인물이 창작 과정의 행복을 잘 드러내고 있습니다.

　옛이야기라는 훌륭한 문화유산과 한지 공예와 사진이라는 예술이 만나 재미있고 아름다운 그림책을 완성했습니다. 이 그림책을 보며 저는 다른 작가들에게도 옛이야기 그림책 작업을 강력하게 추천하고 싶다는 생각이 들었습니다. 우리에겐 훌륭한 문화유산이 많이 있기 때문입니다. 무엇보다 좋은 이야기가 좋은 그림책의 시작입니다.

돌이와 개구리의 성공 비결

그림책 『돌이 척척 개구리 킁킁』은 특별합니다. 이 작품이 특별한 까닭은 돌이가 척척 대답을 잘하고 개구리가 킁킁 냄새를 잘 맡기 때문이 아닙니다. 오히려 돌이와 개구리가 성공하게 된 비결은 '척척' 대답을 잘하거나 '킁킁' 냄새를 잘 맡는 것과는 아무 상관이 없습니다.

물론 옛이야기 가운데는 특별한 능력을 지닌 영웅들의 이야기도 많습니다. 하지만 『돌이 척척 개구리 킁킁』은 특별한 능력을 지닌 영웅의 이야기가 전혀 아닙니다. 사실 두 아이는 지극히 평범합니다. 지극히 평범한 아이들이 모험을 하고 성공합니다. 어떻게 그게 가능할까요?

놀랍게도 두 아이의 성공 비결은 바로 '우정'입니다. 사실 돌이는 척척박사는 아니지만 친구를 사랑합니다. 또한 개구리는 아무리 킁킁거려도 냄새를 잘 맡진 못하지만 친구를 믿습니다. 두 아이는 친구에 대한 사랑과 믿음으로 기적 같은 성공을 이루어 냅니다. 그래서 이 책은 깊고 진한 재미와 감동을 줍니다.

친구끼리 서로 사랑하고 믿는다면 행복하게 살 수 있습니다. 우리는 우정으로 아름다운 세상을 만들 수 있습니다. 저도 이제 친구를 만나러 갑니다. 아름다운 우정으로 아름다운 인생을 만드는 그림책, 바로 『돌이 척척 개구리 킁킁』입니다.

가장 시원하고 사랑스러운 여름휴가
『할머니의 여름휴가』

안녕달 글·그림 | 창비

안타깝게도 그런 일은 없습니다

참 무더운 여름입니다. 이따금 스쳐가는 빗방울 덕분에 습도마저 높습니다. 모두 시원한 곳을 찾아 여름휴가를 떠납니다. 정말이지 텔레비전 뉴스만 보고 있으면 한국 사람 모두가 여름휴가를 떠난 것 같습니다.

하지만 안타깝게도 그런 일은 없습니다. 모든 사람이 여름휴가를 떠나는 일은 없습니다. 세상에는 여름휴가를 가고 싶어도 갈 수 없는 사람들이 많습니다. 다만 여름휴가를 떠날 수 있는 사람들이 여름휴가를 떠날 수 없는 사람들을 자주 잊고 살아갈 뿐입니다.

너무 힘겨워서 휴가를 갈 수 없는 할머니

여기 혼자되신 할머니가 있습니다. 다행히 할머니 곁에는 귀여운 강아지 친구가 있습니다. 하지만 할머니의 여름 역시 덥습니다. 강아지도 덥고 할머니도 덥고 선풍기에서는 더운 바람만 나옵니다.

때마침 반가운 손님이 찾아옵니다. 어린 손자와 며느리입니다. 여름휴가로 바다를 다녀온 손자는 할머니와 함께 다시 바다로 놀러 가고 싶습니다. 하지만 꼬마의 엄마는 할머니가 너무 연로하셔서 바다에 갈 수 없다며 꼬마를 달랩니다.

그러자 꼬마는 할머니에게 바닷소리가 들리는 소라껍데기를 선물합니다. 자신이 바다에서 주워 온 소중한 보물을, 이제는 너무 힘겨워서 바다에 갈 수 없는 할머니에게 기꺼이 선물합니다. 꼬마가 할머니에게 드리는 사랑의 선물입니다. 참 기특한 아이입니다.

마법의 소라껍데기

손자와 며느리가 가고 나니 집에는 다시 할머니와 강아지, 그리고 소라껍데기뿐입니다. 그런데 소라껍데기에서 뭔가 나옵니다. 꽃게입니다. 이윽고 강아지와 꽃게 사이에 쫓고 쫓기는 추격전이 벌어집니다. 그러다 꽃게가 다시 소라껍데기 속으로 들어갑니다.

곧이어 놀라운 일이 벌어집니다. 바로 강아지가 자기 몸의 십분의 일도 안 되는 소라껍데기 속으로 들어가 사라진 것입니다. 할머니는 강아지가 사라져서 당황합니다. 다행히 곧 꽃게가 소라껍데기에서 나오고 잇달아 강아지도 돌아옵니다. 손자가 선물해 준 소라껍데기는 그냥 소라껍데기가 아니라 어디론가 다녀올 수 있는, 마법의 소라껍데기인 것입니다.

그런데 어린 손자가 선물한 소라껍데기는 도대체 어디로 연결되어 있을까요? 꽃게와 강아지가 다녀온 곳은 어디일까요?

상상이 선물이다

『이상한 나라의 앨리스』에서는 토끼 굴을 통해 이상한 나라로 여행을 떠납니다. 『고요한 나라를 찾아서』에서는 벽에 걸린 그림을 통해 고요한 나라로 여행을 다녀옵니다. 동화나 그림책에는 이렇게 특별한 장치를 통해 환상 여행을 다녀오는 이야기가 많습니다. 환상 여행이라는 상상의 세계가 사람들에게 아주 특별한 행복을 선물하기 때문입니다.

『할머니의 여름휴가』도 마찬가지입니다. 소라껍데기는 할머니의 무겁고 답답한 현실과 바다에서 여름휴가를 즐기는 상상의 세계를 이어주는 마법의 통로입니다. 자신의 몸을 움직이는 것이 버거운 사람에게는 자유롭게 어디든 다녀올 수 있는 상상이 행복한 선물이 됩니다.

독자들은 그림책에서 할머니가 소라껍데기를 통해 여름휴가를 다녀오는 모습을 보며 할머니와 함께 행복에 빠집니다. 물론 실제로는 할머니의 상상입니다. 손자가 주고 간 소라껍데기를 귀에 대고 할머니는 행복한 상상의 나래를 펼친 것입니다.

중요한 것은 '마법의 소라껍데기'를 어린 손자가 할머니에게 주었다는 사실입니다. 손자의 할머니에 대한 사랑이 그냥 평범한 소라껍데기를 '마법의 소라껍데기'로 만들었기 때문입니다.

올여름 가장 시원하고 사랑스러운 여름휴가

『할머니의 여름휴가』를 보면서 저는 슬픔과 기쁨을 모두 느꼈습니다.

시원한 바닷바람을 느꼈습니다.

할머니 할아버지를 비롯한 거동이 불편한 사람들이 얼마나 자유롭게 다니고 싶을까 생각하니 울컥 눈물이 날 것만 같았습니다. 다른 한편으로는 돌아가신 우리 할머니와 함께 행복한 여름휴가를 다녀온 것 같아서 고맙고 기뻤습니다.

인간에게 즐거운 상상이 중요한 까닭은 사람의 행복이 마음에 있기 때문입니다. 현실이 즐거워도 행복하고, 즐거운 상상을 해도 행복합니다. 영혼의 존재인 인간에게 현실과 상상은 어쩌면 똑같은 가치를 지니고 있는지도 모릅니다.

현실과 상상 모두를 행복으로 이끄는 비결은 바로 사랑입니다. 사랑하는 사람과 함께하는 현실이 행복한 현실입니다. 사랑하는 사람과 함께하는 상상이 행복한 상상입니다. 올여름 가장 시원하고 사랑스러운 여름휴가를 선물하는 그림책, 바로 『할머니의 여름휴가』입니다.

웃기다가 울리는 진짜 코미디
『빨강 크레용의 이야기』

마이클 홀 글·그림 | 김하늬 옮김 | 봄봄

빨강이라는 제목을 파란색으로 쓰다

표지에는 윗부분이 파랗게 칠해져 있습니다. 그리고 그 위에 더 진한 파란색 에폭시로 '빨강'이라고 쓰여 있습니다. 제목이 빨강인데 왜 제목을 파랗게 써 놓은 것일까요?

눈썰미 있는 독자들은 표지에서 더 많은 단서를 포착할 수 있습니다. 표지의 윗부분을 파랗게 칠하고 있는 크레용이 바로 아래 보입니다. 그런데 파란 크레용을 감싸고 있는 라벨 종이는 빨간색입니다! 그리고 거기에 검은 글씨로 빨강이라고 쓰여 있습니다. 그러니까 빨강이라는 이름의 파란 크레용이 파란색을 칠하고 있는 것입니다.

표지 아랫부분에는 올리브색, 검정색, 주황색, 연두색, 노란색 크레용이 있습니다. 그리고 주황 크레용이 '뭐야?'라고 얘기하는 모습이 보입니다. 심지어 노란 크레용은 '아이고' 하며 안타까워하고 있습니다. 앞으로 어떤 이야기가 펼쳐질지 벌써 기대가 큽니다.

연필이 크레용을 이야기하다

표지를 넘기면 새빨간 면지가 나옵니다. 그리고 이 책의 이야기를 들려줄 노란 연필이 나옵니다.

내가 아는 한 크레용의 이야기예요.

노란 연필이 빨강 크레용의 이야기를 들려줍니다. 그러니까 크레용이 크레용의 이야기를 들려주는 게 아니라 연필이 크레용의 이야기를 들려주는 것입니다. 잠시 생각을 해 보니 이게 참 이상하고도 기막힌 아이디어입니다.

우선 연필의 세계는 흑백의 세계입니다. 그리고 크레용의 세계는 컬러의 세계입니다. 흑백 텔레비전과 컬러 텔레비전, 흑백 사진과 컬러 사진처럼 아주 커다란 차이가 있습니다. 만약 이 세상에서 색깔이 사라진다면? 아마 상상조차 어려울 것입니다.

또한 연필은 흑백의 세계를 표현하면서도 총천연색 라벨 옷을 입을 수 있습니다. 노란 연필은 겉모습이 노란색일 뿐 연필심은 언제나 검정입니다. 반면 크레용은 컬러의 세계를 표현하면서 자신과 똑같은 색의 라벨 옷만 입습니다. 따라서 빨강이라는 옷을 입은 파랑이라는 크레용은 존재

자체가 실수인 것입니다. 그렇다면 크레용과 연필 가운데 누가 진짜 컬러풀한 삶을 살고 있는 걸까요? 이거 정말 기막힌 발상 아닌가요?

그 애는 빨강이었어요

그 애는 빨강이었어요.

연필이 들려주는 크레용 이야기는 이렇게 시작합니다. 그리고 그림에는 검정색을 배경으로 '그 애'가 보입니다. 빨간 라벨 옷을 입은 파랑 크레용이지요. 그런데 연필은 그 애를 빨강이라고 부르고 있습니다. '그 애'가 빨간 라벨 옷을 입고, 옷에는 분명히 '빨강'이라고 적혀

있기 때문입니다.

그런데 빨강이는 빨간색을 잘 칠하지 못했습니다. 빨간 소방차를 아주 새파랗게 그렸습니다. 주홍 선생님은 빨강이에게 연습이 필요하다고 생각했습니다. 그래서 함께 빨간 딸기들을 그려 보았습니다. 하지만 빨강이가 그린 딸기들은 여전히 아주 새파랬습니다.

과연 빨강이는 빨간색을 잘 칠할 수 있을까요? 왜 아무도 빨강이가 파랑이라는 사실을 모를까요? 그리고 이제 빨강이 앞에는 어떤 이야기가 펼쳐질까요?

진짜 나를 찾아서

아무리 노력을 해도 빨간색을 칠할 수 없는 빨강이라는 이름의 파랑 크레용은 얼마나 억울할까요? 하지만 빨강이는 자신이 억울한 처지에 있다는 것조차 모릅니다. 빨강이는 무엇이 잘못되었는지 전혀 모릅니다. 그래서 다른 크레용의 요구에 따라 불가능한 미션을 수행하려고 온 힘을 다해 노력합니다. 자신이 파랑이 아니라 빨강이라고 굳게 믿고 있기 때문입니다.

하지만 이 코미디를 보는 독자의 마음은 시간이 흐를수록 편치 않습니다. 진짜 내가 누구인지 아는 사람이 많지 않기 때문입니다. 게다가 사람들은 라벨 붙이기를 좋아합니다. 남자, 여자, 게이, 황인, 흑인, 백인, 혼혈, 부유층, 중산층, 빈곤층, 기독교인, 불교인, 무슬림, 우파, 좌파, 보수, 개혁, 노동자, 자본가…. 사람들이 서로에게 붙이는 라벨은 끝이 없습니다.

그림책 『빨강』은 시종일관 슬랩스틱 코미디와 만담으로 독자를 웃깁니다. 하지만 독자들은 웃다가 결국 울게 될 것입니다. 중요한 것은 나의 라벨이 아니라 진짜 나의 모습이니까요. 진짜 행복은 나답게 사는 것이니까요.

상식을 뒤엎는 반전
『돼지꿈』

김성미 지음 | 북극곰

대한민국 어느 꼬마의 하루

아직 해도 다 뜨지 않은 이른 아침, 꼬마와 아빠는 집을 나섭니다. 엄마는 잘 다녀오라며 손을 흔들지만 두 사람은 돌아보지 않습니다. 꼬마와 아빠는 그저 한숨만 몰아쉽니다. 아빠는 잠이 덜 깼는지 크게 하품을 합니다. 꼬마는 한 번 더 한숨을 내쉬며 생각합니다.

'학교는 왜 가는 걸까?'

다음 장면부터 꼬마가 왜 이런 질문을 던지는지 알 수 있는 그림들이 나타납니다. 선생님한테 감시를 받고, 나쁜 형들한테 돈을 뺏기고, 친구들은 경쟁자라 도와주지 않고, 체육 시간엔 공한테 얻어맞고, 수업 시간에는 대답을 못해서 놀림 받고, 친구와 싸우고, 선생님한테 벌 받고, 급식은 맛이 없고, 졸다가 선생님한테 걸려서 또 혼나고. 꼬마는 도대체

왜 학교에 가야 하는지 알 수가 없습니다.

게다가 학교가 끝나면 꼬마는 더 바빠집니다. 피아노 학원에 가서 야단맞고, 미술 학원에 가서 장난치다가 또 혼나고, 태권도 학원에서는 오른쪽 왼쪽을 헷갈려서 나쁜 형이랑 시비가 붙습니다. 게다가 또 보습학원에 가야 합니다. 그야말로 불쌍한 인생입니다.

이렇게 불쌍한 꼬마에게도 한 가닥 희망이 있습니다. 꼬마에게도 꿈이 있습니다. 이 가여운 꼬마의 꿈은 무엇일까요? 그리고 과연 꼬마의 꿈은 이루어질까요?

돼지꿈

보통 돼지꿈은 꿈에 돼지가 나오는 꿈을 뜻합니다. 그리고 돼지꿈을 꾸고 나면 재물이나 행운이 찾아온다고 하지요. 하지만 그림책 『돼지꿈』에서 돼지꿈은 돼지가 나오는 꿈이 아닙니다. 그럼 어떤 돼지꿈일까요? 사람들이 알고 있는 상식에 반하는 돼지꿈! 이것이 바로 그림책 『돼지꿈』의 첫 번째 반전입니다.

그런데 정작 책을 읽는 독자들은 '돼지꿈'이라는 제목을 보고 책을 펼쳤음에도 불구하고 곧 '돼지꿈' 같은 건 까맣게 잊어버리게 됩니다. 고단한 학교생활과 방과 후 과외 활동을 보여 주는 현실적인 이야기에 꿈에 돼지가 나온다는, 초자연적이고 순진한 '돼지꿈'은 끼어들 자리가 없기 때문입니다.

주인공 꼬마에게는 괴로운 현실에서 벗어날 수 있는 해결책이자 돌파구로서의 꿈이 필요합니다. 학교를 왜 가는지도 모르겠고, 방과 후에는 더 바쁘고 괴로운 주인공 꼬마의 꿈은 무엇일까요? 여러분도 궁금하시겠지만, 인류 역사상 위대한 인물들 역시 꼬마의 꿈을 궁금해합니다. 이게 무슨 소리냐고요?

김성미 작가는 이 장면에 찰리 채플린, 마이클 잭슨, 레오나르도 다빈치, 알베르트 아인슈타인, 세종대왕, 볼프강 아마데우스 모차르트, 에이브러험 링컨, 빌 게이츠, 마하트마 간디, 빈센트 반 고흐 등 수많은 위인을 등장시켜서 독자들에게 기대감을 갖게 합니다. 자신의 아이가 유명인이 되기를 바라는 어른들의 욕심을 그대로 풍자한 것입니다.

그래서 네 꿈이 뭔데?

하지만 정작 주인공 꼬마가 자신의 꿈을 얘기하는 순간, 세계의 위인들은 경악하고 맙니다. 주인공 꼬마가 이야기하는 장래 희망으로서의 꿈은 이제까지 들어보지 못한, 아주 황당한 꿈이기 때문입니다. 아무도 생각하지 못한 장래 희망으로서의 꿈, 이것이 그림책 『돼지꿈』의 두 번째 반전입니다.

그리고 이 장면에 세 번째 반전이 있습니다. 빈센트 반 고흐, 볼프강 아마데우스 모차르트, 에이브러험 링컨, 마하트마 간디, 알베르트 아인슈타인 등 모든 위인이 경악할 때, 단 한 사람만이 눈물을 흘리고 있습니다. 누구일까요? 바로 한국의 위인, 세종대왕입니다. 너무나 가슴이 아프지만 주인공 꼬마는 우리 대한민국의 어린이이기 때문입니다.

무엇보다 놀라운 사실은 이 세 가지 반전이 모두 한 장면에서 벌어지고 있다는 것입니다. 돼지꿈의 상식을 뒤엎는 반전, 장래 희망의 상식을 뒤엎는 반전, 그리고 모든 외국 위인들이 경악하는 현실이 바로 우리의 슬픈 현실이라는 반전입니다.

제도를 바꾸면 현실이 바뀝니다!

　김성미 작가의 『돼지꿈』을 보면서 한국의 독자들은 웃다가, 웃다가, 놀라고, 놀라고, 찡하고, 다시 웃게 될 것입니다. 분명 그림책 『돼지꿈』은 탁월한 코미디입니다. 하지만 주인공 꼬마의 현실이 곧 대한민국에 사는 대부분의 어린이가 처한 현실이라는 사실은 너무나 슬픈 일입니다.

　우리는 행복하게 살기 위해 교육을 받습니다. 그런데 교육 제도 때문에 우리 아이와 가족이 꿈을 잃고 불행해진다면? 그런 이상한 교육 제도는 당장 바뀌야 합니다. 왜 이런 이상한 교육 제도를 바꾸지 않는 걸까요? 왜 이렇게 나쁜 교육 제도를 그대로 유지하는 걸까요?

어쩌면 우리는 너무 오랫동안 이상한 교육을 받고 자라서 이 제도가 얼마나 나쁜지조차 잊고 있습니다. 하지만 수많은 어린이와 어른이, 대한민국 국민 전체가 바로 이 이상한 교육 제도 때문에 불행하게 살고 있습니다. 너무나 불행해서 어떤 아이들은 자살을 선택합니다. 성적과 대학 입학을 목숨보다 중요하게 여기는 교육 제도는 분명히 비정상적이고 살인적인 교육 제도입니다.

바꿉시다! 대한민국 모든 국민의 꿈을 이루어주고 행복하게 만드는, 정상적인 교육 제도를 만듭시다. 그것이 그림책 『돼지꿈』의 주인공 꼬마와 대한민국의 모든 어린이를 살리고 모든 가정을 구하는 가장 시급한 일입니다.

연 하나로 삶의 비밀을 보여 주는 그림책
『다 붙어 버렸어!』

올리버 제퍼스 글·그림 | 박선하 옮김 | 주니어김영사

플로이드의 연

　모든 일은 플로이드가 날리던 연이 나무에 걸리면서 시작되었습니다. 플로이드는 나무에 걸린 연을 내리려고 연줄을 잡아당기기도 하고 이리저리 흔들어 보기도 했습니다. 하지만 연은 나무에 딱 붙어서 꼼짝도 하지 않았습니다.

　진짜 큰일은 그다음에 일어났습니다. 플로이드는 연을 떨어뜨리려고 신발 한 짝을 나무 위로 던졌습니다. 그러자 이번엔 신발이 나무에 딱 붙고 말았습니다. 당황한 플로이드는 나무에 붙은 신발을 떨어뜨리려고 나머지 신발 한 짝도 나무 위로 던졌습니다. 그러자 그 신발마저 나무에 딱 붙고 말았습니다. 정말 기가 막힐 노릇입니다.

플로이드는 신발을 떨어뜨리기 위해 고양이를 데려왔습니다. 하지만 나무에 올라간 고양이마저 나무에 붙고 말았습니다. 그래서 플로이드는 사다리를 가져왔습니다. 단번에 모든 문제를 해결할 방법이라고 생각했습니다. 플로이드는 사다리를 높이 던져 올렸습니다. 그러자 이번엔 사다리가 나무 위에 딱 붙어 버렸습니다. 정말이지 다 붙어 버렸습니다. 게다가 사다리는 이웃집 아주머니한테 빌려온 것입니다.

이제 플로이드는 어떻게 할까요? 과연 플로이드는 사다리와 고양이와 신발과 연을 모두 되찾을 수 있을까요? 도대체 그 나무는 어떤 나무이기에 모든 것이 다 붙어 버리는 걸까요?

다 붙여 버린 올리버 제퍼스

누구나 한 번쯤 연을 날려 본 경험이 있을 겁니다. 연을 날리다가 나뭇가지에 연이 걸려서 줄이 끊어진 경험이 있을 겁니다. 그리고 그 연을 내리려고 신발이나 돌멩이를 집어 던진 적이 있을 겁니다. 제 어린 시절 연날리기의 끝은 언제나 잃어버린 연과 눈물이었습니다.

올리버 제퍼스는 누구나 겪었을 법한 연날리기의 추억에 '뻥'을 좀 치기 시작했습니다. 연이 걸린 나무에 신발을 던지고 고양이를 던지고 사다리를 던집니다. 그다음부터는 정말 '뻥'의 진수를 보여 줍니다. 어린이 플로이드는 연을 떨어뜨리기 위해 슈퍼맨으로 변신합니다. 슈퍼맨이 아니면 도저히 집어던질 수 없는 것들을 던지기 때문입니다. 물론 나무는 플로이드보다 더 강력합니다. 플로이드가 던진 모든 것을 나무는 다 붙여 버리니까요.

그런데 올리버 제퍼스는 도대체 왜 이런 '뻥'을 치는 걸까요? 수많은 그림책에서 작가들은 '뻥'을 치고 독자들은 '뻥'을 재미있어합니다. 도대체 왜 이러는 걸까요?

마법의 나무라고?

뭐든지 척척 제 몸에 붙여 버리는 나무는 정말이지 마법의 나무가 틀림없습니다. 만약 플로이드가 조금이라도 이성적인 아이였다면 연이 붙어서 내려오지 않았을 때 이미 보통 나무가 아니라는 사실을 눈치챌 수 있었을 겁니다. 하지만 불행히도 플로이드는 대단히 감정적인 아이입니다. 아주 인간적인 아이지요.

만약 연이 나무에 걸렸을 때 플로이드가 누군가 다른 사람에게 도움을 요청했다면 이야기는 전혀 다른 방향으로 진행되었을 겁니다. 어쩌면 뭐든지 붙는 나무에 관한 과학적인 연구가 시작되었을지 모릅니다. 그랬다면 플로이드가 신발과 고양이와 이웃집 사다리를 나무에 덧붙이지는 않았을 겁니다.

무엇보다 만약 플로이드가 연을 포기할 수 있었다면 플로이드는 신발과 고양이와 이웃집 사다리를 추가로 잃어버리지는 않았을 겁니다. 뿐만 아니라 플로이드의 마음도 평화로웠을 겁니다. 연 하나를 잃었다고 모든 것을 던져 버리는 플로이드의 모습은 어린이의 본성이 아니라 인간의 본성입니다. 우리는 자주 사소한 일에 모든 것을 겁니다.

플로이드는 마법사

사실 진짜 마법을 쓰는 존재는 나무가 아니라 플로이드입니다. 플로이드가 연을 나무에 걸었고, 신발 두 짝을 모두 나무에 던졌고, 고양이를 던졌고, 이웃집 사다리를 던졌습니다. 그럼 나무는? 나무는 그냥 그 자리에 서 있었습니다.

　세상에는 두 가지 기적이 있습니다. 하나는 사랑의 기적이고, 또 하나는 증오의 기적입니다. 누군가는 사랑의 힘으로 자신과 자신이 사랑하는 사람을 모두 행복하게 만듭니다. 또 다른 누군가는 증오의 힘으로 자신과 자신이 증오하는 사람을 모두 불행하게 만듭니다.

　플로이드는 자신이 연을 나뭇가지에 걸어 놓고서 연을 돌려주지 않는 나무를 증오합니다. 잘못을 저지른 건 자신인데 나무를 탓합니다. 플로이드는 증오의 힘으로 신발을 던지고 고양이를 던지고 이웃집 사다리를 던집니다. 플로이드의 근거 없는 증오가 평범한 나무를 마법의 나무로 만들었습니다.

그림책은 영혼의 양식

　야구를 좋아하는 사람은 야구를 인생의 축소판이라고 합니다. 영화를 좋아하는 사람은 영화를 인생이라고 합니다. 그림책을 좋아하는 저는 그림책이야말로 영혼의 양식이라고 생각합니다.

　만약 여러분의 연이 나무에 걸린다면, 여러분은 나무와 이야기를 나눌 수 있을까요? 혹시 플로이드처럼 괜히 나무에게 화풀이를 하지는 않을까요? 지금 여러분의 연은 어디에 있나요? 연 하나로 삶의 비밀을 보여 주는 그림책, 『다 붙어 버렸어!』입니다.

풍선이라는 희망

『행복한 가방』

김정민 지음 | 북극곰

시험

한 꼬마가 시험을 봅니다. 의자는 너무 높아서 발이 바닥에 닿지도 않습니다. 얼굴에는 걱정이 가득합니다. 책상 아래엔 자기만 한 덩치의 가방이 있습니다. 아마도 부모님은 꼬마가 행복하기를 바라며 가방을 사 주었을 겁니다. 더불어 가방을 사 주는 부모의 마음은 기대와 설렘으로 행복했을 겁니다.

수업이 끝나고 꼬마는 친구들과 헤어집니다. 근심이 가득한 꼬마는 땅만 보고 걷습니다. 귀여운 고양이를 보지도 못하고 지나칩니다. 그런데 꼬마의 행동이 이상합니다. 아마도 가방이 무거운 모양입니다. 꼬마

는 가방을 머리에 이고 갑니다. 가방은 점점 더 무거워져서 꼬마가 끌고 가기도 어렵습니다.

때마침 커다란 풍선이 날아옵니다. 꼬마는 풍선을 붙잡아 가방에 끈을 묶습니다. 마침내 커다란 풍선이 가방을 매달고 하늘로 날아오릅니다. 꼬마는 환호하며 손을 흔듭니다. 이제 꼬마는 무거운 가방으로부터 자유로워질 수 있을까요?

아주 위험한 그림책

『행복한 가방』은 아주 위험한 그림책입니다. 주인공 꼬마가 다양한 방법으로 가방을 버리는 이야기이기 때문입니다. 꼬마는 무거운 가방에서 벗어나려고 가방을 풍선에 매달기도 하고 아무나 가져가라는 쪽지를 가방에 달아 놓기도 합니다.

어른들은 이 책을 보고 아이들이 따라 하지 않을까 걱정할 것입니다. 예전에 『지각대장 존』이나 『괴물들이 사는 나라』를 보고 걱정했던 것처럼 말입니다. 지각대장 존은 도와 달라는 선생님의 부탁을 거절했습니다. 고집쟁이 맥스는 엄마에게 심술을 부리고 괴물들이 사는 나라로 떠났습니다. 불친절하고 말 안 듣는 행동을 싫어하는 어른들이 걱정하는 것도 당연합니다.

하지만 정말 위험한 것은 어린이의 반항이나 방황이 아닙니다. 사람

은 누구나 반항과 방황을 통해 스스로 성장하기 때문입니다. 정말 위험한 것은 우리가 죽음을 받아들이는 교육을 하고 있다는 사실입니다. 죽을 만큼 힘든데 참으라고 하는 것은 분명 우리 아이들을 죽이는 교육입니다. 죽을 만큼 힘든데 회사를 다니라고 하는 것은 분명 우리 어른들을 죽이는 가치관입니다. 하고 싶지 않은데도, 불행한데도 계속하라고 강요하는 것은 분명 사람을 죽이는 일입니다. 정말 위험한 것은 이런 일을 우리가 당연하게 받아들이는 현실입니다.

고양이처럼, 새처럼!

주인공 꼬마가 가방의 무게에 짓눌려서 보지도 못하고 지나친 고양이가 있습니다. 그런데 고양이는 꼬마를 봅니다. 정확하게 말하자면 꼬마의 가방에 달린 축구공 모양의 액세서리를 봅니다. 고양이는 축구공을 가지고 놀고 싶습니다. 축구공을 만지며 따라갑니다. 그러다 새가 나타납니다. 고양이는 이제 새를 잡으려고 합니다.

고양이는 자유롭습니다. 축구공을 보면 축구공이랑 놀고, 새를 보면 새랑 놉니다. 하지만 주인공 꼬마는 가방에 얽매여 있습니다. 고양이 친구가 나타나도 보지 못합니다. 새 친구가 나타나도 관심이 없습니다. 주인공 꼬마가 고양이처럼 새처럼 자유롭고 행복하면 좋겠습니다.

주인공 꼬마에게는 오로지 커다란 풍선만 보입니다. 꼬마에게 풍선은 가방이라는 현실로부터 벗어날 수 있는 탈출구이기 때문입니다.

풍선이라는 희망

꼬마는 풍선에 가방을 매달아 봅니다. 풍선에게 희망을 걸어 봅니다. 무거운 현실로부터 벗어나고 싶은 희망 말입니다. 하지만 풍선은 꼬마의 희망을 이루어 주기에는 너무나 연약합니다. 풍선은 새의 호기심 어린 두드림에 펑 터져 버리고 맙니다.

꼬마의 두 번째 희망은 쪽지입니다. '필요하신 분 가져가세요!'라고 쓴 쪽지입니다. 꼬마는 쪽지를 가방에 붙여 담에 기대어 놓습니다. 그런데 하필 이웃집 할아버지가 보고 계십니다. 이번에도 꼬마의 희망은 이루어지지 않을 것 같습니다.

어른들이 보기에는 가방을 버리려는 못된 행동이, 꼬마의 입장에서 보면 생존을 위한 몸부림입니다. 원하지 않는 학교 공부가, 관심도 없는 시험공부가, 무거운 책가방이 우리 아이들의 생명을 위협하고 있습니다. 도대체 무엇 때문에 어른들은 어린이를 괴롭히는 걸까요?

'너를 위해서'라는 고문

어른들은 어린이가 잘되기를 바라서 학교에 보낸다고 합니다. 어른들은 다 너를 위해서 시키는 거라고 합니다. 하지만 사실은 어른들이 잘되지 않았기 때문입니다. 어른들 스스로 후회하기 때문입니다. 따라서 학교에 갈 사람들은 어른들입니다. 학교에 가서 공부하고 시험 잘 보고 싶은 어른들이 스스로 원하는 학교에 가면 좋겠습니다.

어린이 역시 자신이 좋아하는 학교에 가면 좋겠습니다. 사실 어린이는 학교에 가지 않아도 행복합니다. 행복에 관해서라면 오히려 어른들이 어린이에게 배워야 합니다. 교육의 목적이 행복한 삶이라면 교육받아야 할 사람은 어린이가 아니라 어른이기 때문입니다. 지금 우리가 하는 교육은 불행한 어른이 행복한 어린이를 불행하게 만들기 위한 고문입니다.

가방은 행복해지지 않습니다. 진짜 행복한 가방은 가방을 멘 사람이 행복한 가방입니다. 지금 여러분의 가방에는 무엇이 담겨 있습니까? 그 가방은 여러분을 행복하게 만들고 있습니까? 그림책 『행복한 가방』이 우리에게 던지는 질문입니다.

아무것도 없는 것을 찾아다니다
『이보다 멋진 선물은 없어』

패트릭 맥도넬 글·그림 | 신현림 옮김 | 나는별

모든 것을 다 가진 친구에게 무엇을 선물할까?

오늘은 특별한 날입니다. 고양이 '무치'는 강아지 '얼'에게 선물을 하고 싶습니다. 얼은 무치의 가장 절친한 친구거든요. 그런데 무슨 선물이 좋을까요? 얼한테는 밥그릇도 있고 방석도 있고 장난감도 있습니다. 얼은 모든 것을 가진 강아지입니다. 모든 것을 다 가진 친구에게 도대체 무엇을 선물하면 좋을까요?

무치는 생각하고 생각하고 또 생각해 봅니다. 하지만 아무것도 없습니다. 모든 것을 다 가진 친구에게는 선물할 게 아무것도 없습니다. 선물은 하고 싶은데 선물할 게 없다면 어떻게 해야 할까요?

놀랍게도 무치는 아주 기발한 선물을 생각해 냅니다. 무치는 얼에게 바로 '아무것도 없는 것'을 선물하기로 한 것입니다. 하지만 이 세상에는 너무나 많은 것이 있습니다. 무치는 어디에서 '아무것도 없는 것'을 찾을 수 있을까요?

아무것도 없어!

무치는 '아무것도 없는 것'을 찾아다닙니다. 과연 '아무것도 없는 것'은 어디에 있을까요? 정말 '아무것도 없는 것'이 있기는 한 걸까요? 그런데 천만다행히도 세상에는 '아무것도 없는 것'이 꽤 많이 있습니다.

프랭크 할아버지가 텔레비전을 보며 이렇게 말합니다.

"볼 게 아무것도 없어."

얼은 모든 걸 갖고 있지.

무치는 생각하고, 또 생각했어.
모든 걸 다 가진 친구에게 무얼 선물하면 좋을까?

눈 오는 날 두지랑 친구들은 집 밖으로 나와서 이렇게 말합니다.
"할 게 아무것도 없어."
마트에 다녀온 밀리 할머니는 이런 말을 합니다!
"살 게 아무것도 없어."
이제 무치는 당장 마트로 달려갑니다. 과연 무치는 마트에서 '아무것도 없는 것'을 찾을 수 있을까요?

우리는 모든 것을 다 갖고 있다

우리에게는 살 집이 있고 입을 옷이 있으며 먹을 음식이 있습니다. 세상에, 이럴 수가! 우리는 모든 것을 다 가진 사람들입니다. 네? 우리가 부족한 게 얼마나 많은데, 우리가 모든 것을 다 가진 사람들이라고요? 이게 정말 사실입니까?

사실입니다. 집이 작든 크든, 월세든 전세든 자가든, 집은 집입니다. 옷이 싸든 비싸든, 단순하든 화려하든, 옷은 옷입니다. 음식 역시 가격과 재료와 솜씨는 달라도 음식은 음식입니다. 우리는 모두 의식주를 다 갖추었으니 살아가는 데 필요한 모든 것을 다 가진 사람들입니다.

이제 모든 것을 다 가진 우리에게 묻습니다.

"그래서 우리는 지금 행복하나요?"

우리는 지금 행복하나요?

때로는 이렇게 모든 것을 다 가졌는데도 아무것도 갖지 못한 기분이 들 수 있습니다. 어떻게 모든 것을 다 가졌는데 아무것도 없는 느낌이 들까요? 어떻게 이렇게 말도 안 되는 일이 가능할까요?

"이제 됐다! 아무것도 없는 것이 가득하네."

우리는 모두 사람이기 때문입니다. 사실 사람에게 정말 필요한 것은 사람뿐입니다. 사람에게 정말 필요한 것은 사랑하는 사람뿐입니다. 사람에게 정말 필요한 것은 사랑하는 사람의 사랑뿐입니다.

아무리 맛있는 음식도 함께 먹을 사람이 없으면 아무 맛이 없습니다. 아무리 예쁜 옷도 나를 예쁘게 봐줄 사람이 없으면 아무 의미가 없습니다. 아무리 멋진 집도 함께 살 사람이 없으면 삭막한 동굴에 불과합니다. 희로애락의 삶을 함께 나눌 사람이 없다면 우리는 아무것도 갖지 못한 사람입니다.

자본주의 사회에서 행복하게 사는 법

노회찬 의원이 떠났습니다. 그분을 좋아했는데 후원금 한 번 낸 적이 없습니다. 그분이 떠나고 나서야 바보처럼 후회하고 있습니다.

아무리 돈이 많아도 사람을 위해 돈을 쓰지 못한다면 그는 아무것도

순수한 웃음을 주는 그림책 47

갖지 못한 사람입니다. 아무리 가난해도 사람을 위해 돈을 쓴다면 그는 모든 것을 가진 사람입니다. 사람이 돈을 만든 것은 사람을 행복하게 만들기 위해서지 돈을 축적하기 위해서가 아니기 때문입니다.

지금 이 순간 누군가를 열렬히 사랑하는 것, 그게 바로 행복입니다. 부디 사랑하는 사람이 곁에 있을 때 그에게 더 잘하면 좋겠습니다. 아낌없이 다 주면 좋겠습니다. 자본주의 사회에서 행복하게 사는 법을 알려주는 그림책, 『이보다 멋진 선물은 없어』입니다.

웃기려고 작정하고 만든 그림책
『아무것도 아닌 단추』

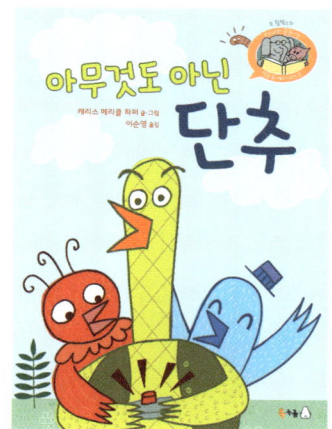

모 윌렘스 기획 | 캐리스 메리클 하퍼 글·그림
이순영 옮김 | 북극곰

공부 잘하려는 병에 걸린 나라

저는 그림책을 주제로 강연을 다닙니다. 하지만 제가 생각하는 그림책과 많은 분이 생각하는 그림책 사이에는 적어도 3차선 도로가 가로막고 있는 것 같습니다. 1차선에는 입시 교육이라는 차들이 미친 듯이 질주하고 있습니다. 2차선에는 권위주의라는 차들이, 3차선에는 자본주의라는 차들이 도로를 질주하고 있습니다. 중요한 것은 이 3차선 도로에는 사람을 위한 횡단보도가 없다는 점입니다.

저는 그림책이 사람을 행복하게 만드는 예술이라고 생각합니다. 그래서 그림책의 행복을 전하려고 사람들을 만납니다. 하지만 많은 분이 이렇게 묻습니다. 어떤 그림책을 읽어야 우리 아이가 똑똑해질까요? 그림책을 어떻게 읽어 주어야 우리 아이가 공부를 잘하게 될까요? 그림책에 글이 없으면 어떻게 글을 배울 수 있나요? 만화책이나 그림책을 언제까지 봐야 하나요?

이분들에게 그림책은 입시 교육을 위한 예비 교육 또는 교양 같은 것입니다. 물론 이분들이 자신의 자녀를 사랑하는 마음은 충분히 이해합니다.

하지만 아무도 '어떤 그림책을 읽어야 우리 아이가 행복해지나요?'라는 질문은 하지 않습니다. 실제로 많은 한국인은 공부만 잘하면 아이가 행복해질 거라고 생각합니다. 많은 한국인이 자신들이 불행한 이유가 공부를 잘 못했기 때문이라고 생각하는 것입니다.

아무것도 아닌 단추

빨강이와 파랑이가 놀고 있는데 노랑이가 나타납니다! 노랑이는 손에 뭔가를 가져와서 보여 줍니다. 빨간 단추입니다. 고맙게도 빨강이와 파랑이는 일단 놀라워합니다. 그리고 그 단추는 뭐 하는 단추냐고 묻습니다.

노랑이는 이 단추가 아무것도 안 하는 단추라고 합니다. 실제로 단추를 아무리 눌러 봐도 아무 일도 일어나지 않습니다. 그러니까 그 단추는 아무것도 아닌 단추가 맞습니다.

그런데 파랑이도 단추를 눌러 보고 싶습니다. 파랑이는 단추를 꾹 누르더니 정말 누르기 쉬운 단추라며 깜짝 놀랍니다. 빨강이는 단추가 파랑이를 놀라게 했으니 아무것도 아닌 게 아니라고 합니다. 이제 단추는 놀라운 단추가 되었습니다.

빨강이도 단추를 눌러 보고 싶습니다. 빨강이가 단추를 꾹 누릅니다.

아무 일도 일어나지 않습니다. 게다가 놀랍지도 않습니다. 노랑이는 그러니까 이 단추는 아무것도 아니라고 합니다. 하지만 파랑이가 빨강이에게 묻습니다. 놀랍지 않아서 슬프냐고. 빨강이가 그렇다고 하자 파랑이는 슬픈 건 아무것도 아닌 게 아니라고 합니다. 이제 단추는 슬픈 단추가 되었습니다.

빨강이와 파랑이의 대화를 듣고 노랑이는 화가 납니다. 어떻게 단추가 슬프게 만들 수 있냐고, 이 단추는 아무것도 아니라고 화를 냅니다. 이제 단추는 화나게 만드는 단추가 되었습니다.

그냥 아주 웃기는 그림책

사실 그림책 『아무것도 아닌 단추』는 대화로만 이루어져 있습니다. 모 윌렘스의 책이 주로 그런 것처럼, 모 윌렘스가 기획하고 캐리스 메리클 하퍼가 만든 이 책 역시 대화로만 이루어져 있습니다. 더 중요한 것은 이 대화가 만담 또는 개그 형식이라는 점입니다.

그럼 왜 모 윌렘스는 대화로만 된 만화 그림책을 만드는 걸까요? 더 정확히 말하자면 모 윌렘스의 그림책은 개그 만화 그림책입니다. 웃기려고 작정하고 그림책을 만드는 것입니다. 한국에서는 아무도 시도하지 않는 개그 만화 그림책을 그는 왜 고집스럽게 만들고 있을까요?

한국 독자들이 보기에 모 윌렘스는 그저 우스개 그림책을 만드는 작가입니다. 하지만 모 윌렘스는 서양 어린이들에게 가장 영향력 있는 작가 중 한 명입니다. 모 윌렘스가 어린이들에게 영향을 끼치는 방식은 바로 유머입니다. 모 윌렘스는 어린이를 행복하게 만듭니다. 무엇보다 책의 즐거움을 선사합니다. 그리고 모 윌렘스의 그림책에서 책의 즐거움과 인생의 행복을 맛본 어린이는 스스로 책을 읽고 스스로 성장합니다.

뭐든지 할 수 있는 단추

누군가에게는 아무것도 아닌 단추가 다른 누군가에게는 뭐든지 할 수 있는 단추가 됩니다. 그런데 아무것도 아닌 것을 뭐든지 할 수 있는 것으로 만든 것은, 빨강이와 파랑이와 노랑이의 우정과 상상력과 행복해지고 싶은 열망입니다.

모든 사람에게는 친구와 상상력과 행복해지고 싶은 열망이 있습니다. 이것이 우리에게 필요한 전부입니다. 우리는 공부를 잘하기 위해 태어나지 않았습니다. 우리는 돈을 많이 벌기 위해 태어나지 않았습니다. 우리는 명예를 얻기 위해 태어나지도 않았습니다. 우리는 행복하기 위해 태어났습니다.

한국의 어린이뿐만 아니라 한국의 어른도 모두 행복해질 수 있습니다. 성적이나 돈이나 명예를 추구하는 대신 행복을 선택하면 됩니다. 그림책으로 교육을 하려고 하지 말고, 함께 즐겁게 보고 행복해지면 됩니다. 좋아하는 책을 보고, 좋아하는 사람을 만나고, 좋아하는 일을 하면 됩니다. 그리고 좋아하는 일을 즐겁게 오래 하다 보면 누구나 잘하게 됩니다. 누구나 장인이 되고 누구나 대가가 됩니다. 부디 세상 사람들 모두 행복을 선택하면 좋겠습니다.

룸룸파룸 룸파룸
『버스를 타고』

아라이 료지 지음 | 김난주 옮김 | 보림

재미있고 아름다운, 버스 기다리는 이야기

혹시 재미있고 아름다운, '버스 기다리는 이야기'를 알고 있나요? 누군가는 버스 기다리는 이야기가 어떻게 재미있을 수 있냐고 따질 겁니다. 하지만 그건 아라이 료지의 『버스를 타고』를 아직 보지 못했기 때문입니다.

버스를 타고 멀리멀리 갈 거예요.

소년은 사막의 버스 정류장에 앉아서 버스를 기다리고 있습니다. 하늘은 드넓고 바람은 살랑살랑 불지만 버스는 오지 않습니다. 지루해진 소년은 라디오를 켭니다. 처음 듣는 음악이 흘러나옵니다. 룸룸파룸 룸파룸. 하지만 버스는 안 옵니다.

커다란 트럭이 부르릉 지나갑니다. 룸룸파룸 룸파룸, 버스는 안 옵니다. 말을 탄 사람이 따각따각 지나갑니다. 룸룸파룸 룸파룸, 버스는 안 옵니다…. 도대체 버스는 언제 오는 걸까요?

룸룸파룸 룸파룸 버스는 안 와요

『버스를 타고』는 정말 신기한 그림책입니다. 아라이 료지의 글과 그림을 함께 보는 순간 독자의 입가에는 웃음이 번집니다. 그뿐이 아닙니다. 입으로는 자기도 모르게 '룸룸파룸 룸파룸 버스는 안 와요.'를 소리내어 따라 읽게 됩니다. 이 책을 펼치는 순간, 누구든 자신도 모르게 아

하늘은 드넓고
바람은 살랑살랑 불어요.

버스는 안 와요.

라디오를 켰어요.
처음 듣는 음악이에요.

룸룸파룸 룸파룸

버스는 안 와요.

라이 료지의 천진난만한 마법에 퐁당 빠지고 맙니다.

그리고 수많은 사람이 먼 길을 떠나는 모습을 보게 됩니다. 누군가는 소가 끄는 수레를 타고 갑니다. 누군가는 소를 끌고 갑니다. 날아다니는 새조차 걸어서 갑니다. 너무나 다양하고 재미있고 아름답습니다. 구경만으로도 즐겁고 행복합니다. 그러다 문득 그것이 진짜 인생이라는 것을 깨닫습니다.

설렘 그리고 깨달음

『버스를 타고』를 볼 때마다 제 마음은 설렙니다. 한 장 한 장 책장을 넘길 때마다 버스는 안 오는데 오히려 신이 납니다. 룸룸파룸 룸파룸, 버스는 안 오지만 누군가 지나갑니다. 버스는 안 탔지만 자신만의 방법으로 먼 길을 떠나는 사람들의 모습이 신나고 재미있습니다. 룸룸파룸 룸파룸, 버스는 안 오는데 마음은 점점 더 자유로워집니다. 그리고 정말 멋진 일이 생길 것만 같습니다.

문득 먼 길을 가기 위해, 꿈을 이루기 위해, 또는 살아가기 위해 정해진 방법이나 필수 조건 같은 건 없다는 생각이 듭니다. 말을 타든, 버스를 타든, 걸어서 가든, 날아서 가든 내 마음대로 가면 되는 것입니다. 굳이 말을 타지 않아도 되고, 굳이 버스를 기다리지 않아도 되는 것입니다. 아라이 료지 덕분에 저는 버스 정류장에서 벗어날 수 있었습니다. 그는 그냥 버스 기다리는 이야기를 재미있는 그림과 함께 보여 주었고, 길은 저 스스로 찾게 해 주었습니다. 아라이 료지는 예술가이자 현자입니다.

두근두근 '버스를 타고'

좋아하는 그림책은 많아도 이유는 제각각입니다. 예컨대 유타 바우어의 『고함쟁이 엄마』를 볼 때마다 저는 웁니다. 아기 펭귄의 상처에 공감하기 때문입니다. 마크와 로완 서머셋의 『똑똑해지는 약』을 볼 때마다 저는 깔깔댑니다. 양과 칠면조의 만담에 홀딱 반하기 때문입니다.

그리고 아라이 료지의 『버스를 타고』를 볼 때마다 저는 가슴이 두근두근합니다. 소년이 찾은 자유를 함께 느끼기 때문입니다. 룸룸파룸 룸파룸, 버스는 안 옵니다.

고품격 유머와 극적인 몸 개그
『다시 돌아온 조지와 마사』

제임스 마셜 글·그림 | 윤여림 옮김 | 논장

내 영혼을 웃긴 그림책

웃기거나 찡하거나! 누군가 저에게 책을 고르는 기준을 물었을 때, 제 머리에 떠오른 답입니다. 저는 언제나 웃기거나 찡한 책을 고릅니다. 웃음과 눈물이 제 감정을 흔들어 놓기 때문입니다. 웃음과 눈물이, 바로 기쁘거나 슬픈 감정이 인간이 영혼의 존재라는 증거이기 때문입니다. 그래서 제가 사랑하는 그림책은 두 줄로 정렬이 가능합니다. 바로 저를 웃기는 그림책과 저를 울리는 그림책이지요. 그리고 저를 웃기는 그림책들의 맨 앞에 '조지와 마사' 시리즈가 있습니다.

'조지와 마사' 시리즈는 3부작입니다. 『조지와 마사』, 『다시 돌아온 조지와 마사』, 『빙글빙글 즐거운 조지와 마사』. 세 권 가운데 저는 특히 『다시 돌아온 조지와 마사』를 좋아합니다. 아마도 두 번째 책의 에피소드가 유난히 저의 유머 세포를 자극하는 모양입니다.

한편 세 권의 그림이 조금씩 다릅니다. 정확히 말해서 '조지'와 '마사'가 책마다 다르게 생겼습니다. 물론 같은 책 안에서는 비슷하게 생겼습니다. 독자 입장에서는 마치 작가 제임스 마셜이 성장하는 모습을 오랜 세월 지켜보는 것 같은 생각이 듭니다. 그렇게 조지와 마사의 캐릭터를 완성시켜 가는 과정을 지켜보는 즐거움이 쏠쏠합니다.

표지부터 웃기지 아니한가?

조지와 마사는 하마 커플입니다. 두 하마가 열기구를 타고 하늘에서 아래를 내려다보는 모습이 표지입니다. 여러분이 무엇을 상상하든 표지에 나온 두 하마는 기대 이상으로 둔하고 진지하고 똑같이 보일 겁니다. 그런데 그 모습이 이상하게 웃깁니다. 이것이 바로 조지와 마사의 매력입니다.

더욱 놀라운 것은 표지를 본 모든 독자가 누가 조지이고 누가 마사인지를 단번에 알아챈다는 사실입니다. 사실 조지와 마사는 외모와 비율로 보면 아주 똑같이 생겼습니다. 몸매, 얼굴, 팔다리 모두 아주 똑같이 뭉툭합니다. 콧구멍은 정말 크고 똥그랗습니다. 눈은 바늘로 콕 찍어 놓은 것처럼 작고 딱 모여 있습니다. 조지와 마사는 정말 똑같이 생겼습니다.

그럼에도 불구하고 누구든 왼쪽 하마가 조지이고, 오른쪽 하마가 마사임을 알 수 있습니다. 조지의 앞니는 노란 이빨이 하나, 그리고 하얀 이빨이 하나입니다. 물론 조지가 노란 이빨을 갖게 된 사연은 첫 번째 책『조지와 마사』에 나옵니다. 마사는 앞니 두 개가 모두 하얗습니다. 그리고 마사는 왼쪽 귓바퀴 뒤에 빨간 튤립을 꽂았습니다.

표지가 지닌 결정적 매력은 조지와 마사를 구별하는 사소한 디테일이 아닙니다. 앞서 이야기한 금이빨과 머리에 꽂은 튤립은 소소한 매력에 지나지 않습니다. 표지의 치명적인 매력은 바로 열기구 바구니가 대단히 좁아 보인다는 것입니다. 거대 하마인 조지와 마사는 비좁은 바구니에 함께 타기 위해 기꺼이 자신들의 뱃살을 바구니 테두리에 얹혀 놓습니다.

물론 취향에 따라 이런 몸 개그가 덜 웃길 수도 있습니다. 또한 저처럼 뚱뚱한 사람들이 너무 지나치게 공감하는 게 아닌가 하고 의심할 수도 있습니다. 하지만 걱정하지 마십시오. 표지를 넘기는 순간, 여러분은 조지와 마사가 준비한 고품격 유머를 만나게 될 것입니다!

첫 번째 이야기 - 상자

미안하지만 여러분은 본문을 보기 전에 속표지부터 보셔야 합니다. 속표지에서 조지와 마사는 둘이서 서핑보드 하나를 함께 타는 묘기를 아주 담담하게 보여 줍니다. 게다가 둘이 함께 탄 서핑보드는 완전히 수평을 이루고 있어서 마치 평지를 걷는 듯한 착각을 일으킵니다.

하지만 진정 눈썰미 있는 독자라면 마사의 치맛자락과 머리에 꽂은 튤립이 바람에 휘날리는 모습을 볼 수 있습니다. 조지와 마사가 탄 서핑보드가 한 줄기 연약한 파도 위에 중심을 잡은 것도 알 수 있습니다. 게다가 서핑보드 위에서 조지는 아무 흔들림 없이 지팡이를 짚고 서 있습니다. 그리고 책장을 넘기면 마침내 첫 번째 에피소드가 시작합니다.

마사는 조지의 부엌 식탁에서 작은 상자를 보았어요.
"열지 마시오."라고 쓰여 있는 종이도요.

이제부터 고도의 심리전을 방불케 하는 고품격 유머가 펼쳐집니다. 당연히 작은 상자는 조지가 마사를 골탕 먹이기 위해 미리 준비한 소품입니다. 그리고 작은 상자보다 더 기막힌 아이디어는 '열지 마시오.'라고 쓰여 있는 종이입니다.

참 신기한 일입니다. 어째서 하지 말라는 부정적인 말이 한번 해 보라

순수한 웃음을 주는 그림책 61

는 긍정적인 말보다 더 자극적일까요? 왜 부정적인 말이 인간의 호기심을 더 자극하는 걸까요? 사람들이 나쁜 남자나 나쁜 여자에게 끌리는 것도 같은 이유일까요? 어쩌면 고품격 유머는 인간의 본성을 이해하는 데서 시작되는 게 아닐까요?

마사는 자신도 모르게 '열지 마시오.'라고 쓰여 있는 종이와 작은 상자에서 눈을 뗄 수가 없습니다. 앞으로 마사에게는 어떤 일이 펼쳐질까요? 물론 저는 안 알려드립니다.

사랑한다면 장난치세요!

'조지와 마사' 시리즈는 고품격 유머가 담긴 텍스트와 극적인 몸 개그로 점철된 그림이 환상의 호흡을 맞춘 그림책입니다. 내용은 언제나 조지와 마사가 서로에게 장난을 치는 이야기지요. 보고 있으면 그냥 막 웃게 됩니다. 그런데 너무 웃어서 지칠 무렵, 여러분은 뭔가 가슴 뭉클한 신호를 받게 될 것입니다. 웃다가 이게 무슨 일인지 어리둥절할 수 있습니다. 당황하지 마세요. 괜찮습니다. 조지와 마사의 행복 에너지가 우리에게 전해졌다는 뜻이니까요.

지금 누군가를 사랑하고 있습니까? 그럼 그 사람을 위해 사랑의 장난을 계획해 보세요. 사랑하니까 장난치는 겁니다. 장난치니까 행복한 겁니다. 행복은 그렇게 전염되는 겁니다.

옛이야기를 새롭게
『나르와 눈사람』

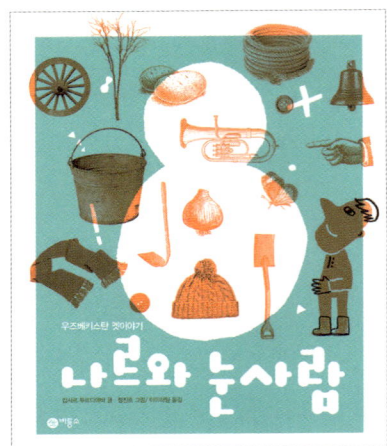

캅사르 투르디예바 글 | 정진호 그림
이미하일 옮김 | 비룡소

우즈베키스탄의 옛이야기

　새해 하루 전날, 나르의 부모님은 병든 할머니를 모시고 병원에 가야 합니다. 아버지는 나르에게 동물들을 잘 돌봐 주라고 신신당부합니다. 하지만 다음 날 아침, 나르는 아버지의 당부를 까맣게 잊어버리고 눈사람을 만들기 시작합니다. 눈사람을 만든 나르는 이제 눈사람을 장식합니다. 눈에는 양파를, 코에는 당근을, 입에는 수박껍질을, 그리고 귀에는 감자를 착 붙입니다.

　눈사람을 만드느라 지친 나르는 집에 들어가 잠이 듭니다. 그러자 마당에서는 동물들의 울음소리가 울려 퍼집니다. 배가 고프다고, 목이 마르다고 울어 댑니다. 동물들이 아무리 울어도 피곤한 나르는 쿨쿨 잠만 잡니다. 그때 놀라운 일이 벌어집니다. 나르가 만든 눈사람이 눈을 깜빡이더니 살아 움직이기 시작한 것입니다. 이제 '살아난 눈사람'은 어떤 일을 겪게 될까요? 나르와 동물들에게는 어떤 일이 벌어질까요?

여러분이 그림책 작가라면?

  글에 있는 이야기를 그림으로 표현한 것을 삽화라고 합니다. 하지만 그림책의 그림은 글에 없는 이야기를 그림으로 창작하는 것입니다. 이것이 바로 그림책이 예술로서 독자들의 사랑을 받는 이유입니다. 따라서 그림책 작가는 문학을 바탕으로 자신의 미술 세계를 창작하는 예술가입니다.
  『나르와 눈사람』이라는 옛이야기를 가지고 어떤 작가가 그림을 그리느냐에 따라 천차만별의 그림책이 만들어집니다. 재미 삼아 만든 눈사람이 살아 움직인다고 생각해 보세요! 정말 상상만 해도 신이 납니다. 만약 여러분이 작가라면 이 이야기에 어떤 그림을 그릴까요?

정진호 작가의 그림책

  새해 하루 전. 나르의 부모님은 할머니를 모시고 병원에 갔습니다.
  아버지는 나르에게 동물들을 잘 돌보라고 당부했지요.

  이 장면을 '삽화'로 그린다면 어머니는 할머니를 부축하고 있고 아버지는 나르에게 당부의 말을 건네고 있을 것입니다. 하지만 정진호 작가는 삽화가가 아니라 그림책 작가이기에 글에 없는 이야기를 그림으로

창작해 냅니다. 글이 묻는 이야기를 그림으로 그려 냅니다.

작가는 아버지가 나르에게 이야기하는 모습을 왼쪽 구석에 놓고, 바로 오른쪽에는 창문 사진을 붙이고, 창문 밖에는 소와 양과 오리를 그려 넣었습니다. 그리고 오른쪽 페이지에는 여물통, 우유통, 밧줄, 삽, 양동이, 손수레 등 가축을 돌보는 데 필요한 도구들의 사진을 붙여 놓았습니다.

'동물들을 잘 돌보는 방법'을 상상해서 그려 넣은 것입니다. 그렇다고 구구절절 설명하지 않고 독자의 상상력을 자극합니다. 도구만 제시하고 도구로 무엇을 할지는 독자 스스로 상상하고 즐기도록 배려합니다. 정진호 작가는 아버지가 나르에게 한 '당부'의 궁금증을 해소시키면서 다른 한편으로 '도구'에 대한 더 큰 궁금증을 자아냅니다.

옛이야기 그림책의 매력

　옛이야기에는 문학적 깊이와 매력이 충분히 담겨 있습니다. 따라서 옛이야기를 그림책으로 새롭게 만드는 일은 언제나 재미있습니다. 물론 옛이야기를 현대적인 시각으로 각색하면 더 많은 공감을 얻을 것입니다. 하지만 옛이야기를 그대로 가져온다 해도 그 이야기는 새롭게 읽힐 수밖에 없습니다. 독자인 우리가 현재를 살고 있기 때문입니다.

　『나르와 눈사람』 역시 과거에는 '살아난 눈사람'을 통해 게으른 인간을 훈계하고 위대한 자연의 사랑과 지혜를 이야기하는 작품이었을 것입니다. 하지만 오늘 저는 게으른 '나르'가 바로 그 '위대한 눈사람'을 만들었다는 사실에 주목합니다.

　눈을 좋아하는 아이가 눈사람을 만들고, 눈사람이 살아나서 동물들을 살리고, 동물들이 고마워서 다시 눈사람을 살리는 과정이 바로 대자연의 섭리입니다. 누군가를 좋아하고 사랑하는 일이 대자연의 순환을 만드는 원동력입니다. 그림책 『나르와 눈사람』이 담은 지혜입니다.

부패한 권력을 조롱하다
『양들의 왕 루이 1세』

올리비에 탈레크 글·그림 | 이순영 옮김 | 북극곰

평범한 양 루이가 양들의 왕 루이 1세가 되다

바람이 몹시 불던 날이었어. 평범한 양 루이는 언덕 위에서 풀을 뜯고 있었지. 근데 이게 웬일이야? 어디선가 파란 왕관이 날아와서 루이의 머리 앞에 떨어진 거야. 루이는 잠시 눈치를 보다가 얼른 왕관을 머리에 썼어. 그리고 앞발을 들고, 어깨에 힘을 빡 주고, 뒷발을 모으고 직립 보행을 시작했지. 평범한 양 루이는 이제 양들의 왕이 된 거야!

왕이 된 루이는 제일 먼저 근사한 지휘봉을 구해 오라고 했어. 뭐랄까, 지휘봉은 왕의 패션을 완성시켜 주는 느낌이랄까! 두 번째로는 대대손손 물려줄 왕의 의자, 그러니까 왕좌를 구해 오라고 했어. 원래 왕위는 세습하는 거고, 정의는 왕이 만드는 거니까. 세 번째로는 다들 볼 수 있는 곳에 멋진 침대를 놓으라고 했어. 그리고 루이 왕이 잠든 동안에 다른 양들이 모두 왕을 지키라고 했지. 양들의 왕 루이는 계속 좋은 생각을 해냈어. 그리고 양들에게 계속 새로운 명령을 내렸지.

이제 양들의 왕 루이 덕분에 평범한 양들은 더욱 행복해졌을까요? 과연 평범한 양 루이는 양들의 왕 루이 1세로 계속 살아갈 수 있을까요? 평범한 양 루이의 아주 위험천만한 왕좌의 게임이 지금 시작합니다.

세상의 모든 바보를 조롱하다

『양들의 왕 루이 1세』는 절대 권력을 휘둘렀던 태양왕 루이 14세를 연상시킵니다. 실제로 그림책의 속표지는 루이 14세의 초상화를 패러디한 그림으로, 얼굴만 양들의 왕 루이 1세로 바꾸어 놓았습니다. 물론 작가인 올리비에 탈레크는 프랑스 사람입니다.

하지만 양들의 왕 루이 1세는 이름만 루이 14세한테 빌렸을 뿐 세상의 모든 부패한 권력자와 그들을 지지하는 사람들을 대변합니다. 이 바보들은 권력이 왕관이나 왕좌로부터 나온다고 생각합니다. 그들은 왕의 자리에 오르기 위해 수단과 방법을 가리지 않습니다. 그리고 왕좌에 오르는 순간 무소불위의 권력을 휘두릅니다.

사실 지금 세상에는 과거와 같은 왕이나 왕권이 존재하지 않습니다. 신분 사회가 무너지고 민주 사회가 된 지 너무나 오래되었습니다. 이제 민주 사회의 대통령은 왕이 아니라 공무원입니다. 무엇보다 모든 권력은 국민으로부터 나옵니다. 그런데 아직도 왕정 시대의 의식을 지닌 사람들이 많습니다. 도대체 왜일까요?

21세기에 루이 14세를 이야기하는 이유

작가 올리비에 탈레크가 17세기에 살았던 루이 14세(1638년~ 1715년)의 이야기를 굳이 21세기에 하는 까닭은 무엇일까요? 그것은 권력과 욕망의 문제가 소위 말하는 권력층이나 부유층만의 문제가 아니기 때문입니다. 권력과 욕망의 문제는 시대를 초월해서 계속 반복되는, 모든 인간의 문제입니다. 탈레크는 평범한 인간이 자신의 욕망 말고는 아무런 생각 없이 권력을 가졌을 때 어떤 범죄를 저지르게 되는지를 은근한 코미디로 아주 신랄하게 묘사합니다.

루이 1세는 모든 양을 들판에 모아 놓습니다. 그는 높은 연단에 올라가 레드 카펫처럼 기나긴 연설문을 읽습니다. 그러자 양들은 꾸벅꾸벅 잠이 듭니다.(저는 이런 사람을 수십 년 동안 여러 명 보았습니다.) 연설이 없는 날에 루이 1세는 사자 사냥을 즐깁니다. 물론 양들의 나라에는 사자가 없기에 사자를 수입해 옵니다. 양한테 쫓기는 사자라니! 사자한테는 마른하늘에 날벼락이 아닐 수 없습니다.

루이 1세는 온갖 사치와 부귀영화를 누립니다. 하지만 이제 루이 1세는 부귀영화에 만족하지 못합니다. 루이 1세는 말 한마디로 원래 친구였던 양들을 노예로 만듭니다. 말 한마디로 양들 사이에 편을 가릅니다.

그리고 말 한마디로 자기 마음에 들지 않는 양들을 추방해 버립니다. 탐욕스러운 루이 1세가 괴물 히틀러로 변하는 순간입니다.

누구에게나 힘이 있다

평범한 사람도 소소한 권력을 갖고 있습니다. 가정에는 부권과 모권이 있고, 학교에는 교권이 있고, 회사에는 상사가 있습니다. 우리는 모두 누군가의 선배이거나 형이거나 누나이거나 오빠이거나 언니입니다. 하지만 그 소소한 권력을 잘못 이해하면 누구나 독재자가 되고 누구나 범죄자가 될 수 있습니다.

누군가를 함부로 부려도 되는 권력 따위는 존재하지 않습니다. 그런 권력을 우리는 폭력이고 범죄라고 부릅니다. 우리에게 누군가를 위한 힘이 있다면, 그것은 누군가를 사랑하거나 보호할 수 있는 능력입니다. 부패한 권력을 조롱하고 사랑의 힘을 생각하게 하는 그림책, 『양들의 왕 루이 1세』입니다.

수면 도우미의 반항
『고집불통 4번 양』

마르가리타 델 마소 글 | 구리디 그림 | 김지애 옮김 | 라임

양으로 산다는 것

양으로 산다는 게 어떤지 알고 있나요? 사실 양으로 살아간다는 건 엄청 쉽습니다. 놀다가 먹다가 자다가, 놀다가 먹다가 자다가! 참 쉽지요? 그런데 양들의 삶에는 놀고, 먹고, 자는 거 말고도 한 가지가 더 있습니다. 바로 아이들이 잠들지 못할 때 불려 가는 겁니다. 사실 아이들마다 잠이 안 올 때 부르는 양 떼가 따로 있습니다.

우리는 미구엘이라는 어린이가 잠이 안 올 때마다 부르는 양 떼입니다. 미구엘은 잠이 안 오면 우리를 부릅니다. 그러면 우리는 줄을 서서 차례로 허들을 뛰어넘지요. 언제나 똑같이 1번 양이 허들을 넘고 나면

2번 양이 허들을 넘고 그다음엔 3번 양이 허들을 넘고, 이렇게 미구엘이 잠들 때까지 차례대로 허들을 뛰어넘는 거지요.

오늘 밤에도 미구엘은 우리를 불렀습니다. 우리는 차례대로 허들을 넘었지요. 1번 양이 폴짝, 2번 양이 포올짝, 3번 양이 포오올짝! 그런데 그때 갑자기 5번 양이 물었어요.

"4번 양 어디 갔어?"

허들을 거부하는 4번 양

다행히 4번 양이 도망을 간 것은 아니었습니다. 4번 양은 대열에서 조금 멀리 벗어나 있었습니다. 우리는 짜증을 내며 돌아오라고 했습니다. 4번 양이 뛸 차례니까요. 그런데 그때 4번 양은 이렇게 말했습니다.

"싫어! 뛰는 건 지긋지긋해!"

그때 갑자기 5번 양이 물었어.
"4번 양 어디 갔어?"

이제 4번 양은 어떻게 될까요? 4번 양은 영영 허들을 넘지 않아도 될까요? 그렇다면 허들을 넘지 않는 4번 양 때문에 미구엘 어린이가 영영 불면증에 걸리진 않을까요? 어느 수면 도우미 양의 반항을 다룬 문제작, 그림책『고집불통 4번 양』입니다.

우리들의 희망, 4번 타자

4번 양이 양들의 질서에 의문을 제기하자 다른 양들은 다 같이 불만을 쏟아 냅니다. 4번 양만 아니면 오늘도 그냥 차례대로 허들을 넘고, 미구엘이 잠들고, 자기들도 잠들면 그만인데, 4번 양 때문에 평탄했던 일상이 깨졌으니 말입니다.

우리 인간도 똑같은 시간에 자고 똑같은 시간에 일어나 출근을 하거나 학교에 갑니다. 어른에게는 어른의 라이프 사이클이 있고 어린이에게는 어린이의 라이프 사이클이 있습니다. 마치 양들이 먹고 자고 차례

"이쪽으로 와. 네가 뛸 차례야!"
5번 양이 퉁명스럽게 말했어.
음, 순서를 지키지 않은 4번 양 때문에 짜증이 났나 봐.

그런데 그때, 4번 양이 이렇게 말하는 거 있지?
"싫어! 뛰는 건 지긋지긋해!"
어머나, 세상에!
양들의 사전에 그런 말은 나오지 않는다고!

대로 허들을 넘는 것과 같습니다. 놀랍게도 인간으로 사는 일이나 양으로 사는 일이 아주 똑같습니다.

그런데 양들은 미구엘이 시키는 대로 허들을 넘습니다. 그렇다면 우리 인간은 '누가' 시키는 대로 출근을 하고 학교에 가는 걸까요?

양들이 허들 게임에 갇힌 것처럼 인간은 출근 게임이나 학교 게임에 갇힌 건 아닐까요?

4번 양이 게임을 중단시키자 다른 양들은 불만을 터트립니다. 그냥 허들을 넘으면 되지 왜 문제를 일으키느냐는 거지요. 다른 양들은 아직 이 게임에서 벗어날 준비가 되지 않은 겁니다.

하지만 제 눈에는 고집불통 4번 양이 9회 말 투아웃 만루 상황에 타석에 올라선 4번 타자처럼 멋있어 보입니다. 물론 고집불통 4번 타자는 이렇게 말하겠지요.

"싫어! 치는 건 지긋지긋해!"

흰 양, 검은 양

그림 작가 '구리디'는 고집불통 4번 양을 검은 양으로 표현했습니다. 실제로 양은 흰 양과 검은 양이 있습니다. 마치 인간 세계에 백인과 흑인이 있는 것처럼 말입니다.

4번 양을 검은 양으로 표현한 구리디의 선택은 탁월했습니다. 초록색 풀밭 위를 걷는 양 떼 가운데 검은색 4번 양은 단연 눈길을 끕니다. 심지어 이 책의 주인공이 '검은색'으로 느껴질 정도입니다.

무엇보다 백인들이 만든 억압과 폭력이라는 세상의 질서에 반기를 들었던 흑인들의 용기를 보여 주는 것 같아서 가슴이 뭉클합니다.

익숙한 모든 것을 의심하라

나쁜 것도 익숙해지면 나쁜 줄을 모릅니다. 관습의 힘은 정말 무섭습니다. 황금만능주의인 자본주의도, 성적 만능주의인 입시 제도도, 폭력적인 가부장 제도도, 살인적인 군사 제도도 익숙해지면 나쁜 줄 모릅니다.

우리는 오늘 왜 출근합니까? 우리는 왜 공부를 합니까? 우리는 왜 남들이 사는 대로 삽니까? 우리는 정말 행복합니까? 고집불통 4번 양 덕분에 진정한 삶에 눈뜨게 되는 그림책, 『고집불통 4번 양』입니다.

엄마의 거짓말 대잔치
『왜냐면…』

안녕달 글·그림 | 책읽는곰

어린이는 묻습니다!

'바닷가 유치원'에서 엄마와 꼬마가 나옵니다. 엄마는 노란 우산을 썼고 꼬마는 노란 비옷을 입었습니다. 하늘에서 비가 옵니다. 꼬마는 비 오는 하늘을 올려다봅니다.

길가 단층집 마당에서는 아주머니가 널어놓은 빨래를 걷느라 바쁩니다. 꼬마는 한 손으로 엄마 손을 잡고 다른 한 손으로는 강아지를 끄는 줄을 잡았습니다. 꼬마가 엄마에게 묻습니다.

엄마, 비는 왜 와요?

과연 엄마는 뭐라고 대답했을까요?

하늘에서 새들이 울어서 그래.

정말이요? 물론 누가 봐도 엄마의 대답은 거짓말입니다. 과학적이지도 논리적이지도 않습니다. 그런데 왜 엄마는 이런 말을 할까요? 게다가

뻔뻔한 거짓말을 하면서도 어쩜 이렇게 아무렇지도 않을까요? 게다가 더욱 놀라운 사실은 꼬마의 질문이 계속된다는 것입니다.

새는 왜 우는데요?

꼬마의 연속된 질문에도 엄마는 전혀 당황하지 않습니다. 오히려 아주 태연하게 더욱 황당한 거짓말을 지어냅니다.

물고기가 새보고 더럽다고 놀려서야.

도대체 엄마는 왜 이러는 걸까요? 어쩌자고 거짓말에 거짓말을 계속 지어내는 걸까요? 과연 엄마의 거짓말 대잔치는 무사히 끝날 수 있을까요?

여러분이 꼬마의 엄마라면?
"엄마, 비는 왜 와요?"
참 어린이다운 질문입니다. 아주 과학적이고 논리적인 질문이기도 합

니다. 만약 여러분이 꼬마의 엄마라면 뭐라고 대답할까요?

"비는 말이야, 대기권의 수증기가 응축되어서 물방울의 형태로 지상에 떨어지는 걸 비라고 하는 거야. 원래 수증기는 공중으로 떠오를 만큼 가볍잖아? 그렇게 대기권에 떠 있는 수증기가 서로 뭉쳐서 충분히 무거워지면 다시 중력에 의해 지상으로 떨어지는 거지."

어쩌다 아주 가끔 이렇게 대답하는 분이 있을지도 모릅니다. 물론 이 분의 대답은 대단히 과학적입니다. 하지만 전혀 재미있지는 않습니다.

여러분도 알고 있듯이 꼬마의 엄마는 나쁜 사람이어서 꼬마에게 거짓말을 하는 게 아닙니다. 오히려 꼬마를 너무나 사랑하기 때문에 '재미있는' 거짓말을 하고 있습니다. 꼬마의 엄마는 꼬마에게 사랑을 건네고 있습니다.

정답 찾기 VS 행복 찾기

그럼에도 불구하고 어른들은 가르치는 것을 좋아합니다. 어른과 어린이가 대화를 시작하면 그 대화는 설명이나 훈계로 흘러가기 쉽습니다. 하지만 내가 상대방을 존중하지 않고 일방적으로 주장한다면, 누가 내 이야기를 들어줄까요? 누가 나를 만나고 싶을까요?

또한 어른들은 우문현답(愚問賢答)을 좋아합니다. 반면에 어린이는 현문우답을 좋아합니다. 내가 아무리 진지하게 물어도 상대방이 재미있게 대답하기를 기대합니다. 어린이는 대화를 놀이로 생각합니다.

어른들의 문답이 이른바 '정답 찾기'라면 어린이의 문답은 바로 '행복 찾기'입니다. 그래서 어린이의 현문우답 놀이는 아름답습니다. 행복을 찾는 놀이이기 때문입니다.

추억을 소환하는 그림책

안녕달 작가는 상상하는 재미를 그림으로 표현하는 데 탁월한 능력을 보여 줍니다. 비가 내릴 만큼 엉엉 우는 새들을 그리기도 하고, 이태리 타월을 손에 꼭 쥐고 단체로 때를 미는 물고기들을 그리기도 합니다.

하지만 무엇보다 그림책『왜냐면…』의 상상이 독자를 행복하게 만드는 이유는 추억을 소환하는 상상이기 때문입니다. 누군가는 할아버지 할머니와의 추억을, 누군가는 엄마 아빠와의 추억을, 누군가는 아이와의 추억을 소환할 것입니다. 그리고 함께 나누었던 행복을 가슴 깊이 만끽할 것입니다. 안녕달의『왜냐면…』은 사랑하는 사람들과의 추억을 불러오는 그림책입니다.

글과 그림이 부르는 노래
『빨간 열매』

이지은 지음 | 사계절

글과 그림이 빚어내는, 아주 황홀한 하모니

이지은 작가는 아주 세련된 솜씨로 글과 그림의 하모니를 완성했습니다. 마치 뮤지컬에서 서로 사랑하는 두 주인공이 노래하며 대사를 주고받듯이 글과 그림이 서로 노래를 주고받는 것 같습니다.

이지은의 글은 쉽고 간결하지만 그림을 불러오는 힘이 있습니다. 글을 읽으면 그림이 궁금해지고 그림을 보면 글이 궁금해집니다. 무엇보다 군더더기 없는 글은 그림을 더 깊이 들여다보게 합니다.

흑백의 그림을 바탕으로 빨간색을 하이라이트 색상으로 이용한 것도 그림책 『빨간 열매』를 더욱 흥미진진하게 만들었습니다. 이야기의 주인공은 아기 곰이지만 아기 곰이 몰두하고 있는 대상은 바로 빨간 열매이기 때문입니다. 그림책 작가에게 이야기의 주인공과 그림책의 주인공을 구별하고 강조하는 것은 아주 중요한 능력입니다.

아기 곰의 산책

아기 곰이 혼자 일찍 일어났습니다. 숲속을 이리저리 걷다 보니 배가 고픕니다. 아기 곰은 너무 힘들어서 어느 나무에 기대앉습니다. 그런데 '톡!' 머리 위로 빨간 열매 하나가 떨어집니다. 아기 곰은 빨간 열매를 입안에 넣고 오물오물 씹어 봅니다. 와! 참 맛있습니다. 아기 곰은 빨간 열매를 또 먹고 싶습니다.

자리에서 일어나 자기가 기대앉았던 나무를 올려다봅니다. 나무는 얼마나 키가 큰지 하늘 끝까지 닿을 것 같습니다. 어리고 작은 아기 곰에게 나무는 너무너무 높습니다. 하지만 아기 곰은 이미 빨간 열매의 맛을 보았습니다. 맛있는 열매를 먹고 싶은 마음과 끝도 보이지 않는 나무 사이에서 아기 곰은 얼마나 망설였을까요?

다행히 아기 곰은 아주 씩씩하고 용감합니다. 아기 곰은 거침없이 나무 위로 올라갑니다. 이 기세라면 나무에 달린 모든 열매를 먹어치울 것 같습니다. 과연 아기 곰은 빨간 열매를 원 없이 먹게 될까요?

서른 살 가을

저는 서른 살 가을에 그림책이라는 열매를 처음 맛보았습니다. 아기 곰 머리 위로 빨간 열매가 쿵 떨어졌듯이 그림책이라는 열매가 제 마음에 쿵 하고 떨어졌습니다. 아기 곰이 나무에 기대앉았다가 열매를 맛본 것처럼 저 역시 서점에 갔다가 그림책을 처음 맛보았습니다. 처음 맛본 그림책 열매는 존 버닝햄의 『지각대장 존』이었는데 너무 맛있어서 기절하는 줄 알았습니다.

저는 아기 곰이 나무를 기어오르듯이 서점에 가서 그림책을 맛보고 사 모으기 시작했습니다. 어느새 제 서가는 그림책으로 가득 찼습니다. 하지만 문제가 생겼습니다. 맛있는 그림책을 실컷 보고 맘껏 사들이는 것만으로는 뭔가 부족한 느낌이 들었습니다. 게다가 그 부족한 느낌은 점점 더 커졌습니다. 저는 곧 그 느낌이 뭔지 알아차렸습니다.

그 느낌은 맛있는 그림책의 행복을 다른 사람들과 함께 나누고 싶은 마음이었습니다. 저는 온 세상에 이렇게 외치고 싶었습니다. 이 그림책 정말 맛있어요! 여러분도 한번 드셔 보세요! 그래서 저는 그림책 서평을 쓰기 시작했습니다. 그렇게 저는 그림책 서평을 쓰고, 그림책 번역을 하고, 그림책 편집을 하고, 그림책 이야기를 쓰고, 그림책 강의를 하고, 그림책을 만들며 살고 있습니다.

좋아하는 것의 발견

아기 곰은 우연히 빨간 열매를 맛보고 빨간 열매를 좋아하게 되었습니다. 그래서 그 높이 솟은 나무를 아무런 두려움 없이 올라갑니다. 물론 아기 곰이 열매를 따라 올라가는 동안 많은 일이 벌어집니다. 새로운 친구들도 만나게 됩니다. 아기 곰은 그렇게 성장해 갑니다. 아기 곰이 좋아하는 것을 발견하듯이 우리도 살면서 좋아하는 것을 발견하게 됩니다. 하지만 누구나 아기 곰처럼 좋아하는 것을 찾아 모험을 떠나지는 않습니다.

　저는 세상 모든 사람이 좋아하는 것을 찾아 모험을 떠나면 좋겠습니다. 내가 좋아하는 것이 나의 행복이기 때문입니다. 누구나 나의 행복을 찾아 모험을 즐기고 성장하면 좋겠습니다. 그리고 내가 발견한 행복을 세상 사람들과 나누며 살면 좋겠습니다. 이것이 바로 우리가 스스로 행복해지는 방법이며 더불어 행복한 세상을 만드는 방법입니다.

제2장　찡한
　　　　눈물을 머금은
　　　　　　　　　　그림책

괜찮습니다.
괜찮습니다.
이제 다 괜찮습니다.
함께 울겠습니다.
함께 있겠습니다.

사랑이라는 빨간 끈
『나는 기다립니다…』

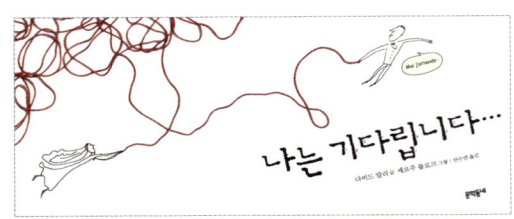

다비드 칼리 지음 | 세르주 블로크 그림
안수연 옮김 | 문학동네

나는 기다립니다

나는 기다립니다.
어서 키가 크기를
잠들기 전 나에게 와서 뽀뽀해 주기를
케이크가 다 구워지기를
비가 그치기를

어린 소년의 말입니다. 한 줄이 한 장면입니다. 검은 펜으로 그린 그

림이 한 장면 한 장면 지나갈 때마다 소년이 자랍니다. 그리고 각 장면의 중심에는 언제나 빨간 끈이 있습니다.

'어서 키가 크기를' 기다릴 때, 어린 소년은 빨간 끈을 끌어당기느라 안간힘을 쓰고 있습니다. 마치 빨간 끈이 소년의 간절한 소망 같습니다. '잠들기 전 나에게 와서 뽀뽀해 주기를' 기다릴 때, 빨간 끈은 소년의 입술로 변합니다. 마치 엄마의 뽀뽀를 기다리는 소년의 입술이 빨갛게 달아오른 것만 같습니다. '케이크가 다 구워지기를' 기다릴 때, 빨간 끈은 엄마의 머리끈이 됩니다. 소년에게 맛있는 케이크를 가져다주는 엄마의 리본 모양 머리끈은 자랑처럼 빛납니다. 그리고 '비가 그치기를' 기다릴 때, 빨간 끈은 소년의 스웨터가 됩니다. 비 오는 창밖을 내다보는 소년의 마음을 빨간 스웨터가 따뜻하게 안아 주는 것만 같습니다.

한 사람의 일생을 기다림으로 그려 보인 다비드 칼리의 글은 한 편의 서정시입니다. 그리고 다비드 칼리의 이야기를 펜으로 그리고, 빨간 끈으로 하이라이트를 장식한 세르주 블로크의 그림은 독자의 심장을 두근두근 달리게 합니다.

크리스마스가 오기를…

이제 소년은 크리스마스가 오기를 기다립니다. 그리고 사랑이 오기를 기다립니다. 소년은 어느새 청년이 된 것입니다.

내일이면 크리스마스이브입니다. 저마다 종교는 다를지라도, 또는 종교가 없더라도, 굳이 예수님의 이름을 빌리지 않더라도, 온 세상이 사랑

의 의미를 되새기고 나누는 때입니다.

　소년이 크리스마스를 기다리듯이 누군가는 사랑의 선물을 기다립니다. 또 다른 누군가는 사랑의 선물을 준비하고 있을 것입니다.

　여러분의 크리스마스는 어떻습니까? 여러분은 누군가의 선물을 기다리고 있습니까? 아니면 누군가를 위해 크리스마스 선물을 준비하고 있습니까? 여러분은 양말을 걸어 놓고 산타클로스를 기다리는 어린이입니까? 아니면 어린이를 위해 준비한 선물을 나누어 주는 산타클로스입니까? 아니면 더 이상 산타클로스도 크리스마스도 믿지 않는 어른입니까?

어른이 되면

　어른이 되면 우리 앞에는 무엇이 기다리고 있을까요? 최근 저의 일상을 돌아보면 한 달에 두세 번의 장례식이 있었습니다. 매달 두세 번은 장례식에 가야 하는 어른이 된 것입니다. 우리 앞에는 죽음이 기다리고 있습니다. 살아 있는 사람들은 잊고 살지만, 우리 모두 언젠가 죽습니다. 사랑하는 사람도 죽고 사랑받는 사람도 죽습니다.

　중병에 걸려도 생을 놓아 보내기가 쉽지 않을 겁니다. 사랑하는 사람의 곁을 떠나고 싶지 않기 때문입니다. 사랑하는 사람이 중병에 걸린다면 말할 필요도 없을 겁니다. 누가 사랑하는 사람을 쉬이 놓아 보낼 수

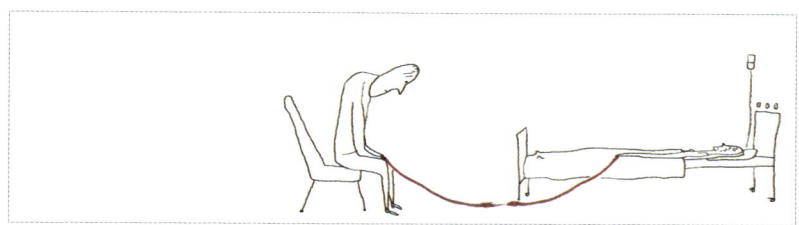

있겠습니까? 하지만 우리가 잊든 말든, 놓든 말든, 우리는 모두 떠날 수밖에 없습니다.

노년에 이른 주인공이 병상에 누운 아내 옆에 앉아 '이 사람이 더 이상 아프지 않기를' 기다리는 장면을 보며 가슴이 먹먹해졌습니다. 무엇보다 주인공의 손과 아픈 아내의 손을 이은 빨간 끈이 끊어지고 있어서 슬픈 예감을 막을 수가 없었습니다. 결국 다음 장면에서는 장의차와 조문 행렬이 이어집니다. 그리고 빨간 끈은 화환이 되어 장의차의 뒷문을 장식하게 됩니다.

그래도 삶은 이어진다

살아남은 사람에게 삶은 이어집니다. 그에게 삶은 여전히 기다림입니다. 자식들을 기다리고 손자 손녀의 탄생을 기다립니다. 삶은 그렇게 계속 이어집니다.

저는 매일 강의실에서 만날 사람들을 기다립니다. 서평을 통해 지면으로 만날 사람들을 기다립니다. 에스엔에스(SNS)에서도 누군가를 기다립니다. 이어서 나올 책을 통해 만날 독자를 기다립니다. 바로 그분들에게 전할 사랑이 있기 때문입니다. 저는 아름다운 그림책으로 사람들에게 사랑과 행복을 전합니다.

이미 오래전부터 수많은 작가가 그림책을 통해 제게 사랑을 전해 주었습니다. 먼저 이 세상을 떠난 작가들도 있고 아직 세상에 남아 왕성하게 활동하는 작가들도 있습니다. 분명한 것은 새롭고 훌륭한 작가들이 앞으로도 많이 나타날 거라는 믿음입니다.

다비드 칼리와 세르주 블로크의 『나는 기다립니다…』는 오랫동안 사랑받은 걸작입니다. 앞으로도 많은 이의 사랑을 받을 것입니다. 우리 모두가 사랑이라는 빨간 끈으로 이어져 있기 때문입니다. 사랑은 기다림이며 이별이며 죽음이며 새로운 탄생입니다. 사람과 사람을 이어 놓은 사랑의 끈은 결코 끊어지지 않습니다. 그래서 저는 오늘도 기다립니다….

엉터리 표지, 엉터리 집배원, 엉터리 작가
『엉터리 집배원』

장세현 글·그림 | 어린이작가정신

엉터리 표지

참 신기한 표지입니다. 자전거를 타고 가는 집배원을 위에서 내려다본 그림입니다. 분명히 하늘에서 땅을 내려다보는 시점입니다. 그런데 집배원이 달려가는 위쪽은 하늘빛입니다. 마치 벚꽃이 흐드러진 가지 사이로 올려다본 하늘입니다.

신기한 것은 그뿐이 아닙니다. 집배원 주위로 새들이 날아다닙니다. 그 새들이 그냥 새들이라면 하나도 신기하지 않습니다. 그런데 자세히 보니 그 새들은 새들이 아닙니다. 새가 아니라 기호입니다. 우체국을 상징하는 새 모양의 기호입니다. 심지어 그 기호들이 편지를 입에 물고 날아다닙니다.

이 엉터리 같은 그림이 신기하기는 한데 이상하지는 않습니다. 하늘을 올려다본 그림과 땅을 내려다본 그림이 맞닿아 있는데 하나도 이상하지가 않습니다. 새도 아니고 새를 본떠서 만든 삼각형들이 편지를 입에 물고 날아다니는데 하나도 이상하지가 않습니다. 이상하기는커녕 신기하고 아름답고 참 따뜻합니다.

매곡 우체국
면지를 펼치면 오백 살도 넘은 것 같은 아름드리나무가 사방으로 가지를 뻗치고 있고 그 나무 아래에 아담한 2층 건물이 있습니다. 간판엔 매곡 우체국이라고 쓰여 있고 2층 지붕 아래엔 우체국을 뜻하는 새 모양의 기호가 있습니다.

설마 우체국도 오백 살이 넘었을까요? 바보 같은 질문인 줄 알면서도 면지 그림을 보고 있으면 이런 생각이 듭니다. 아름드리나무 아래 지어

진 우체국 건물은 옛날 건물이 아닌데도 유서 깊은 향기를 뿜어냅니다.

왠지 아주 오래전부터 편지를 전해 준, 아주 고마운 역사를 보는 것 같습니다. 현대적인 우편 제도가 시행된 것이야 그리 오래된 일이 아닙니다. 하지만 멀리 떨어진 사람들 사이에 소식을 전하는 일은 어쩌면 인류의 역사만큼 오래되었을 것입니다.

2층짜리 작은 우체국 건물이 제 눈에는 마치 쿵후의 본산이라는 소림사처럼 보이는 까닭은 편지라는 매체가 지닌 유서 깊은 위력 때문일 것입니다. 아마 당장이라도 매곡 우체국 문을 열고 쿵후 판다가 아닌, 편지 판다가 나타난다 해도 독자들은 결코 놀라지 않을 것입니다.

그런데 혹시 기억하시나요? 이 책의 제목이 『엉터리 집배원』이라는 사실을! 이제 저 우체국 문을 열고 엉터리 집배원이 나타날 것입니다. 편지 배달의 본산처럼 보이는 매곡 우체국에서 배달의 달인이 나와도 모자랄 판에 웬 엉터리 집배원일까요?

시와 그림이 만나다

봄꽃이 흩날리고 있었다.
그 사이로 자전거가 가고 있다.

작가는 자전거를 타고 있는 사람에 대해서는 일언반구도 하지 않습니다. 그래서 독자는 자전거에 탄 사람을 봅니다. 짐칸에 실려진 함과 그 함에 그려진 우체국 기호와 그 함에 가득 찬 편지를 보고 독자들은 그가 집배원임을 압니다.

봄꽃도 여러 가지라 나무를 자세히 보게 됩니다. 하지만 아무리 자세히 보아도 그 꽃이 분홍이고 꽃잎이 떨어지고 있으며 가지가 굽이굽이 마디가 많다는 것뿐 정확히 무슨 꽃인지는 알 수가 없습니다. 애초에 자세히 그리지를 않았으니까요. 마치 꽃을 자세히 그리면 그건 사진이지 추억이 아니라고 말하는 것처럼.

봄꽃은 봄꽃인데 무슨 꽃인지 알려 주지 않아서 더욱 궁금합니다. 자전거엔 사람이 타고 있는데 없는 것처럼 말해서 더욱 그가 궁금합니다. 도대체 그는 누구일까요? 게다가 그를 '엉터리 집배원'이라 하지 않았습니까?

엉터리 집배원

엉터리 집배원이 엉터리 집배원인 까닭은, 혼자 살면서 아들의 편지를 기다리는 글도 모르는 할머니에게 엉터리로 편지를 읽어 주기 때문입니다. 이렇게 나쁜 엉터리 집배원이 주인공입니다.

그런데 이렇게 나쁜 엉터리 집배원 때문에 저는 눈물 콧물을 줄줄 흘렸습니다. 제가 그 할머니도 아닌데, 그 할머니는 행복하게 돌아가셨는데 제 마음이 서럽고 인생이 무상해서 엉엉 울었습니다.

엉터리 작가

오늘 저는 슬픕니다. 저를 포함한 많은 사람이 바보 같은 삶을 사는 게 슬픕니다. 사랑하는 사람들과 떨어져 살면서 불행하다고 말하는, 바보 같은 사람들이 참 많습니다. 그리워하면서 돌아오지 않는, 바보 같은 사람들이 참 많습니다. 사랑하는 사람을 영영 떠나보내고서야 후회하

는, 바보 같은 사람들이 너무나 많습니다.

하지만 오늘 저는 행복합니다. 엉터리 집배원 같은 엉터리 작가를 만났기 때문입니다. 그는 바보 같은 사람들에게 바보 같은 세상을 보여서 바보 같은 삶을 깨닫게 하고 바보 같은 눈물을 뚝뚝 흘리게 만들었습니다. 장세현 작가는 엉터리 집배원이 할머니를 행복하게 만들듯이 저를 행복하게 만들었습니다. 그는 참 엉터리 작가입니다.

'우리'는 왜 그랬을까?
『친절한 행동』

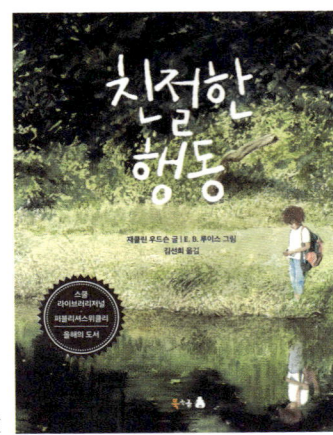

재클린 우드슨 글 | E. B. 루이스 그림 | 김선희 옮김 | 북극곰

거부할 수 없는 그림책

저는 개인적으로 직설적인 교훈을 담은 책을 좋아하지 않습니다. 예술은 누군가를 직설적으로 가르치는 게 아니라 은유적으로 감동시키는 거라고 생각하기 때문입니다. 그런데 이 책은 아주 노골적으로 교훈적인 제목을 갖고 있습니다.

더불어 저는 사실적인 그림도 좋아하지 않습니다. 사실적인 그림은 이야기를 표현하는 재미뿐만 아니라 상상하는 재미를 덜어 낸다고 생각하기 때문입니다.

게다가 저는 사람이 주인공인 이야기를 그다지 좋아하지 않습니다.

주인공이 사람인 경우보다는 동물인 경우에, 흔히 '우화'라고 불리는 이야기에 더 끌리는 편입니다. 제 안에 동물적인 성향이 더 강해서인지 아니면 동물에서 더 인간적인 향기를 느껴서인지는 잘 모르겠습니다만.

그림책『친절한 행동』은 이렇게 여러 가지 이유에서 제 취향과는 맞지 않는 작품입니다. 그럼에도 불구하고 저는 이 책을 고르지 않을 수가 없었습니다.

그해 겨울 온 세상에 눈이 새하얗게 내렸다

눈이 하얗게 내린 어느 겨울 아침, 담임 선생님은 한 여자아이를 데리고 교실로 들어옵니다. 아이의 이름은 마야이고, 고개를 푹 숙이고 있습니다. 그림 작가인 루이스는 이 장면을 아래서 위를 바라보는 시점으로 그렸습니다. 그래서 고개 숙인 마야의 얼굴이 정면으로 보이고 오히려 고개를 든 선생님의 얼굴은 잘 보이지 않습니다. 고개 숙인 마야의 얼굴은 두려움과 걱정으로 가득 차 있습니다.

그리고 아이들은 고개를 숙인 마야의 시선을 따라서 마야의 옷차림으로 향합니다. 낡은 코트, 낡은 옷, 봄에 신는 얇은 신, 그리고 끊어진 신발 끈이 보입니다.

그런데 그 가난한 마야가 하필 '내' 짝이 됩니다. 마야는 '나'에게 미소를 지었지만 '나'는 웃지 않았습니다. '나'는 마야에게서 되도록 멀리 떨어져 앉았고, 마야가 '나'를 보면 '나'는 창밖에 소복이 쌓인 눈만 바라보았습니다. 도대체 주인공 '나'는 왜 이러는 걸까요?

그날부터 매일 나는 마야에게 인사도 건네지 않고 먼 곳을 바라보았다.

그럼에도 불구하고 마야는 '우리'에게 다가왔습니다. '우리'는 미끄럼틀 옆에 있었습니다. 마야는 '우리'에게 두 손을 펼쳐 보였습니다. 한 손에는 반짝반짝 빛나는 공깃돌이 있고, 다른 한 손에는 새빨간 공이 있었습니다. 마야는 생일 선물로 받았다며 자랑했습니다. 하지만 '우리' 가운데 누구도 마야와 놀고 싶어하지 않았습니다. 그래서 마야는 혼자서 공기놀이를 했습니다.

그날 오후 마야는 올해 누가 공기놀이 세계 챔피언이 되었는지 아냐고 '내'게 물었습니다. 그러자 뒷자리에 앉은 앤드류가 '나'한테 새 친구가 생겼다고 놀려 대기 시작했습니다.

'나'는 앤드류를 쏘아보며 말했습니다.

"내 친구 아니야!"

'우리'는 왜 그랬을까?

'우리'는 왜 그랬을까요? 왜 마야를 친구로 받아들이지 않았을까요? 마야가 '우리'한테 해를 끼친 적도 없는데 왜 '우리'는 마야와 말도 섞지 않고, 밥도 같이 먹지 않고, 함께 놀지도 않고 심지어 처다보지도 않은 걸까요?

게다가 마야는 포기하지 않고 '우리'에게 다가왔는데, 말도 걸고 함께 놀자고 했는데, 왜 '우리'는 마야의 친절을 거절했을까요? 도대체 '우리'와 마야는 뭐가 그렇게 다른 걸까요? 어차피 모두 다른데 마야가 '우리'보다 더 가난한 게 그렇게 문제가 되었을까요? 누가 '우리'를 이렇게 가르친 걸까요?

'친절한 행동'은 아예 없었다

'우리'는 친절하기는커녕 점점 더 대범하게 잔인해졌습니다. '우리'는 마야를 놀리고 또 놀렸습니다. '우리'는 마야를 따돌리고 또 따돌렸습니다.

저는 마야가 혼자서 줄넘기를 하며 운동장을 달리는 장면을 잊을 수가 없습니다. 켄드라가 마야를 '재활용 가게'라고 놀리자 '우리'는 모두 낄낄거리며 웃었습니다. 그때 마야는 울타리 옆에 줄넘기를 들고 서 있었는데 처음으로 '우리'에게 놀자는 말을 하지 않았습니다.

켄드라가 소곤거렸어요.
"저 애한테 새 이름을 지어 주어야겠어. 재활용 가게. 저 애가 입는 건 전부 다 거기서 가져 왔거든."

우리는 모두 낄낄거리며 웃었어요.
마야는 울타리 옆에 서 있었어요.
줄넘기를 쥐고 있었는데, 이번에는 우리한테 와서 같이 놀자고 하지 않았어요.
잠시 뒤, 마야는 줄넘기를 반으로 접어 양손에 말아 쥐고는 뛰기 시작했어요.
마야는 한 번도 멈추지 않고 운동장을 돌았어요. 고개를 한 번도 들지 않았지요.
그저 뛰고, 뛰고, 또 뛰었어요.

그리고 곧 마야는 줄넘기를 하며 달리기 시작했습니다. 쉬지 않고 운동장을 돌았습니다. 고개를 숙인 채 땅만 바라보며 그저 달리고 또 달렸습니다.

세상에서 가장 충격적인 결말

이제 마야는 어떻게 되었을까요? 그리고 주인공 '나'는? 아마도 그림책 『친절한 행동』을 끝까지 보고 난 독자들은 엄청난 충격에 휩싸일 것입니다. 어쩌면 그 충격에서 벗어날 길이 없을지도 모릅니다. 저 역시 이 책의 결말 때문에 이 책을 선택하지 않을 수 없었습니다.

분명히 이 책은 제 취향의 이야기도 아니고 제 취향의 그림도 아닙니다. 하지만 이 책은 너무나 가슴 아픈 이야기이면서 동시에 이 세상에 반드시 필요한 이야기입니다.

더불어 루이스의 그림은 자연의 찬란한 빛과 비정한 현실을 굉장히 대조적으로 묘사해서 너무나 슬프고 아름답습니다. 우드슨의 글과 루이스의 그림은 짝을 이루어 독자의 눈물을 훔칩니다. 지금도 제 눈앞에는 환한 햇빛 속에서 줄넘기를 하며 달려가는 마야의 슬픈 얼굴이 어른거립니다.

집에 돌아간다는 희망
『우리 아빠는 위대한 해적』

다비드 칼리 글 | 마우리치오 A. C. 콰렐로 그림
박우숙 옮김 | 현북스

우리 아빠는 위대한 해적

주인공 소년의 아빠는 일 년에 한 번만 집에 옵니다. 항상 여름에 와서 2주 정도 머물다가 떠납니다. 아빠한테는 늘 바다 냄새가 납니다. 아빠는 해적이니까요.

집에 오면 아빠는 소년을 무릎 위에 앉히고 낡은 지도를 펼칩니다. 그리고 어디서 어떤 배를 공격해서 보물을 빼앗았는지 이야기합니다. 하지만 아빠는 한 번도 보물을 집에 가져온 적이 없습니다. 자신과 타투아토만 아는 곳에 보물을 숨겨 놓았기 때문입니다.

'희망'이라는 이름의 해적선

"무슨 희망이요?"
제가 물을 때마다, 아빠는 이렇게 대답하셨어요.
"집에 돌아간다는 희망이지."

아빠는 '희망'이라고 부르는 아빠의 배에 관해서도 이야기합니다. 그런데 그 무서운 해적선의 이름이 '희망'입니다. 그 무섭고도 위대한 해적들의 가장 간절한 희망이 겨우 무사히 집으로 돌아가는 것이라니요!

해적들은 그렇게 목숨을 걸고 남의 배를 약탈하고 보물을 훔쳐서 결국 자신을 기다리는 집으로 돌아갑니다. 바로 사랑하는 가족에게 돌아가는 것이 그 위대한 해적들의 꿈이었습니다. 해적들 역시 가족을 위해 일하고 있었습니다.

아홉 살이 되던 해 여름, 아빠는 집에 오지 않았다

어느 날 아침에 전보가 옵니다. 전보를 읽고 엄마는 소년에게 아빠를 보러 가자고 합니다. 소년은 드디어 배를 타게 될 거라고 생각합니다.

하지만 엄마는 소년을 데리고 기차에 오릅니다.

　기차를 타고 가는 내내 엄마는 아무 말도 하지 않습니다. 창밖에는 바다도 보이지 않습니다. 둘째 날 밤에도 두 사람은 기차에서 내리지 못합니다. 궁금해하는 소년에게 다음 날 아침이면 도착할 거라고 엄마가 말합니다.

　과연 다음 날 아침 소년의 눈앞에는 바다와 아빠가 기다리고 있을까요?

다비드 칼리가 만든, 또 하나의 <빅 피쉬>

　팀 버튼 감독의 영화 <빅 피쉬>를 기억하시나요? 주인공의 아버지는 허풍쟁이 이야기꾼입니다. 아버지가 살아온 이야기에는 진짜 마녀도 등장하고 어마어마한 거인도 등장하고 몸이 붙어 있는 여인들도 등장하고 아버지가 잡았다는 거대한 물고기도 등장합니다. 도무지 믿을 수 없는 거짓말이지요.

　주인공은 나이가 들수록 허풍쟁이 아버지와 멀어집니다. 그런데 아버지가 암에 걸리고 생의 마지막 순간을 함께하면서 허풍인 줄만 알았던 아버지 이야기의 진실을 알게 됩니다. 무엇보다 마지막 장례식 장면은 잊을 수가 없는 명장면이지요.

　제가 영화 <빅 피쉬>를 언급하는 까닭은 그림책 『우리 아빠는 위대한 해적』과 영화 <빅 피쉬>가 이야기의 형식 면에서 닮았기 때문입니다. 두 작품 모두 아빠가 들려준 이야기와 실제 아빠의 모습을 비교하면서 아빠의 진실을 추적하는 드라마입니다.

　그런데 그림책 『우리 아빠는 위대한 해적』에는 오히려 영화 <빅 피쉬>를 넘어서는 감동이 있습니다. 아마도 현재 그림책 분야에서 최고의 배를 타고 가는 여행을 상상했지만, 아니었어요.
기차를 타고 가는 내내 엄마는 한마디도 하시지 않았어요.
가끔 창밖을 내다보았지만 바다는 보이지 않았고요.
둘째 날 밤, 아빠한테 가려면 아직 멀었는지 여쭈었더니
엄마는 다음 날 아침에 도착할 거라고 하셨어요.
깨어나면 바다가 앞에 있을 거라 생각하며 잠이 들었어요.

이야기꾼이라고 할 수 있는 다비드 칼리가 자신이 쌓은 모든 내공을 이 책에 담아냈기 때문입니다. 다비드 칼리가 생소한 분들이 있다면 『나는 기다립니다…』를 추천합니다.

콰렐로의 그림책은 그래픽 노블과 영화 사이에 있다

그림책 『우리 아빠는 위대한 해적』을 걸작으로 완성한 또 한 사람의 장인이자 진정한 주인공은 그림 작가 마우리치오 A. C. 콰렐로입니다.

콰렐로는 그림책에서 텍스트를 드라마틱하게 사용할 줄 아는, 탁월한 그림 작가입니다. 그림책을 많이 보지 않은 분들은 이게 무슨 뜻인지 궁금하실 겁니다. 간단히 말씀드리자면 텍스트를 드라마틱하게 사용하는 것은 만화에서 '쿵' '쾅' 등의 의성어를 손글씨로 강조해서 그리는 것과

비슷합니다.

물론 콰렐로가 사용한 방법은 좀 다릅니다. 콰렐로는 자신의 그림에 손글씨를 넣지는 않았습니다. 하지만 텍스트의 내용에 따라 다양한 폰트를 사용했고, 중요한 문장은 색깔을 바꿨으며, 아주 극적인 텍스트는 커다란 폰트를 사용했습니다. 더불어 이야기의 흐름에 따라 텍스트의 배치도 감정의 흐름을 따라갔습니다.

탁월한 예술가 콰렐로는 그림의 배치나 구도, 그리고 장면의 크기도 극적인 흐름에 따라 대담하고 자유롭게 표현했습니다. 그리하여 그림책 『우리 아빠는 위대한 해적』은 독자로 하여금 마치 한 편의 영화를 보는 것 같은 즐거운 착각을 만끽하게 합니다. 콰렐로는 글과 그림을 자유자재로 다루어서 자신의 그림책을 그래픽 노블과 영화 사이 어딘가에 새롭게 자리매김한 것입니다.

아빠의 직업은 비밀입니다

아빠의 직업은 비밀입니다. 책으로 확인하십시오. 저는 당신이 책 읽는 즐거움을 결코 빼앗지 않을 겁니다. 하지만 분명 약속드릴 수 있는 건 마지막 장면에서 당신이 울 거라는 사실입니다. 그 못된 해적들의 이야기에서 당신은 삶의 진실을 발견할 것입니다. 사실 우리는 모두 집으로 돌아가는 '희망'을 품고 살아가는 해적들이기 때문입니다.

누구에게나 최고의 소풍이 있다
『할머니 주름살이 좋아요』

시모나 치라올로 지음 | 엄혜숙 옮김 | 미디어창비

착한 제목, 더 착한 표지

저는 착한 의도가 분명하게 드러나는 책을 그다지 좋아하지 않습니다. 너무 착하기만 한 사람이 별로 매력이 없는 것처럼, 너무 착한 책도 매력이 없습니다. 그림책 『할머니 주름살이 좋아요』는 제목부터 너무 착해서 별로 매력이 없었습니다.

게다가 표지는 손녀가 할머니를 껴안고 있는 모습을 중심으로 배경은 분홍색이고 좌우는 꽃으로 장식된, 그야말로 착하디 착한 그림입니다. 저한테는 한마디로 참 매력이 없었습니다.

다행히 면지가 좀 흥미로웠습니다. 책장처럼 칸칸이 나누어진 장식장

이 있고 장식장 칸마다 독특한 물건들이 보입니다. 호박, 향수병, 머리빗, 장난감 말, 선글라스, 선물 상자, 편지 묶음, 사진들, 구두, 눈 내리는 유리구슬, 소라껍데기, 반짇고리, 결혼사진, 숟가락…. 이제 이 물건들로 무슨 이야기를 하려는지 조금 궁금해졌습니다.

주름살에 기억이 담겨 있다고?

오늘은 할머니 생일입니다. 그런데 할머니의 손녀이자 주인공인 꼬마의 눈엔 할머니가 좀 슬퍼 보이기도 하고 놀란 것도 같고 걱정스러워 보이기도 합니다. 꼬마는 할머니에게 왜 그런지 묻습니다. 할머니는 주름살이 많아서 그렇게 보일 거라고 합니다. 꼬마는 할머니에게 주름살이 걱정되느냐고 묻습니다. 그러자 할머니는 아니라며, 주름살 속에는 할머니의 모든 기억이 담겨 있다고 합니다.

꼬마는 할머니 말을 믿을 수가 없습니다. 주름살에 기억이 담겨 있다

고요? 저도 못 믿겠습니다. 꼬마는 할머니 말이 사실인지 알아보기로 합니다. 우선 할머니 이마 가장자리 주름에 어떤 기억이 있는지 물어봅니다. 그러자 할머니는 '내가 커다란 수수께끼를 풀었던 이른 봄, 그 아침'이 있다고 합니다. 할머니의 대답을 듣는 순간, 저 역시 할머니가 품었던 커다란 수수께끼가 무엇인지 궁금해졌습니다.

다음 페이지를 펼쳐 봅니다. 와우! 저도 모르게 탄성이 나옵니다. 아무런 글도 없는 한 장의 그림이 모든 것을 보여 주고 있습니다. 할머니의 어린 시절 봄 그 아침에 무슨 일이 있었는지, 할머니가 품었던 커다란 수수께끼가 무엇이었는지, 왜 그때 이마에 주름이 생겼는지 똑똑히 알게 되었습니다. 그리고 왠지 가슴이 뭉클했습니다.

그림으로 사로잡다

이 한 장면이 그림책 『할머니 주름살이 좋아요』를 대하는 저의 태도를 순식간에 바꾸어 놓았습니다. 착하고 별로 매력 없는 책에서 완벽한 매력 덩어리 책이 되었습니다! 작가는 자신이 그림책 작가라는 사실을 아주 잘 알고 있었습니다. 그림책이라는 장르가 어떤 매력을 갖고 있는지, 어떻게 이야기를 끌고 가야 하는지를 아주 잘 알고 있었습니다.

"그럼, 여기는요?"
"여기에는 내가 가 봤던 최고의 바닷가 소풍이 담겨 있지."

도대체 할머니가 가 봤던 최고의 바닷가 소풍은 무엇일까요? 저는 재빨리 책장을 넘기고 싶은 마음을 참았습니다. 잠시 그 순간을 즐기고

싶었습니다. 그리고 아주 조심스럽게 책장을 넘겼습니다. 오 마이 갓! 아까보다 더 큰 탄성이 튀어나왔습니다. 할머니가 왜 최고의 바닷가 소풍이라고 했는지 고개가 끄덕여집니다. 글 없는 한 장의 그림이 모든 것을 알려 줍니다. 마치 한 장의 추억 사진 같고, 인생이라는 영화의 한 장면 같습니다.

누구에게나 최고의 소풍이 있다

저도 잠시 제 인생 최고의 소풍을 떠올려 봅니다. 바로 초등학교 2학년 소풍 전날입니다. 저는 언제나 소풍 당일보다 소풍 전날이 더 행복했습니다. 소풍을 준비하고 기다리는 순간이 설레고 흥분되었습니다. 특히 그날은 더욱 마음이 들떠 있었습니다. 아마도 1학년 때 다녀온 소풍이 참 좋았나 봅니다.

엄마는 제 마음을 헤아리고 소풍 가서 먹을 것들을 사 오라며 미리 용돈을 주셨습니다. 제가 직접 소풍을 준비할 기회를 갖게 된 것입니다. 당장 가게로 달려갔습니다. 사이다와 함께 과자를 잔뜩 골랐습니다. 하지만 저는 살 수가 없었습니다. 분명히 주머니에 넣어 둔 용돈이 그만 사라져 버렸기 때문입니다. 희망이 절망으로 바뀌는 순간이었습니다.

빈손으로 집에 돌아오자 부모님은 야단을 쳤고 형들은 기뻐하며 저를 놀려 댔습니다. 제 인생에서 소풍이 사라지는 순간이었습니다. 저는 속이 상해서 엉엉 울었습니다. 그러자 이번에는 사내자식이 그깟 일에 운다고 또 야단을 맞았습니다. 부모님은 저녁 내내 제 속을 태운 다음 밤이 깊어서야 새로 용돈을 주셨습니다. 신기하게도 눈물이 뚝 그쳤습니다. 죽었던 소풍이 되살아났습니다.

우리, 잘 살고 있나요?

내 마음을 울린 책은 내가 살아온 시간을 돌아보게 합니다. 한 권의 그림책은 한 가지 추억을 불러옵니다. 보통 한 권의 그림책에는 한 가지 이야기가 담겨 있기 때문입니다. 그런데 『할머니 주름살이 좋아요』는 우리가 살아온 모든 시간을 불러옵니다. 할머니 주름살을 소재로 할머니의 거의 모든 시간을 담아냈기 때문입니다.

인생에서 커다란 수수께끼는 무엇이었나요? 최고의 소풍은 언제였나요? 그 사람을 처음 만나서 무엇을 했나요? 첫 번째 이별은 무엇인가요? 그리고 가장 소중한 만남은 언제였나요? 그림책 『할머니 주름살이 좋아요』는 우리 인생을 송두리째 불러옵니다. 그리고 우리에게 묻습니다. 무엇이 소중하냐고, 무엇이 행복이냐고, 잘 살고 있냐고.

어른에게 전하는 커다란 울림
『이제 그만 일어나, 월터!』

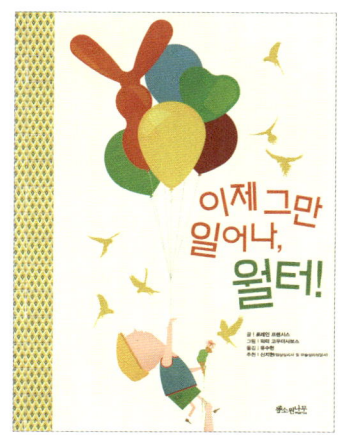

로레인 프렌시스 글 | 피터 고우더사보스 그림
유수현 옮김 | 소원나무

그림의 내용이 시선을 끌어당기다

저는 컴퓨터로 작업한 그림보다 종이나 캔버스에 직접 그린 그림을 좋아합니다. 아무리 섬세하게 작업을 하더라도 컴퓨터의 도움을 받은 그림은 종이나 캔버스에 그린 그림보다 차가운 느낌이 들기 때문입니다. 한마디로 컴퓨터 그림과 종이 그림은 그림의 온도가 다릅니다.

그런데 『이제 그만 일어나, 월터!』는 딱 봐도 컴퓨터로 그린 그림입니다. 그림 스타일은 제 취향이 아닌 것입니다. 그럼에도 불구하고 표지가 제 시선을 끌었습니다. 그림의 스타일이 아니라 바로 그림의 내용이 시선을 끌어당긴 것입니다.

표지에는 여섯 개의 풍선이 하늘로 올라가고 있습니다. 여섯 개의 풍선을 묶은 줄은 어떤 꼬마의 오른손 손목에 감겨 있습니다. 꼬마는 고개를 뒤로 젖히고 있는데 눈을 감고 입을 벌리고 있습니다. 꼬마는 잠이 든 것입니다. 왼손엔 아이스크림을 들고 있습니다. 그리고 누군가 팔을 뻗어 꼬마의 오른쪽 다리를 붙잡고 있습니다. 꼬마는 잠들었을 뿐만 아니라 하늘로 날아오르고 있습니다. 세상에!

면지부터 특이하다

책의 구성도 특이합니다. 면지에는 노란 바탕에 청색 다이아몬드 무늬가 빽빽하게 들어가 있습니다. 얼핏 보면 벽지처럼 보이지만 자세히 보면 정사각형의 타일을 이어서 만들었습니다. 아마도 이런 타일을 붙여서 만든 화장실에 앉아 있으면 금세 이상한 환각 상태에 빠질 것만 같습니다.

특이한 것은 면지만이 아닙니다. 면지를 넘기면 판권 페이지가 나오고 그 오른쪽 페이지에서 바로 이야기가 시작됩니다. 보통 다른 책에서는 판권 페이지 오른쪽에는 속표지가 나오거든요. 그런데 이 책은 판권 페이지 오른쪽에 그림이 나온 것입니다.

그림에는 6층짜리 아파트가 있습니다. 그리고 아파트

에는 사람이 보이지 않습니다. 아파트 밖에도 사람이 없습니다. 다만 1층 현관에 개 한 마리가 고개를 숙이고 있습니다. 도대체 사람들은 모두 어디로 갔을까요? 그리고 이 개는 누구의 개일까요?

아무 데서나 잠들다

월터는 방에서만 자는 게 아니었어요.

누군가 이 텍스트를 읽는다면 분명히 궁금할 것입니다. 월터가 방에서만 자는 게 아니라면 도대체 어디에서 잔다는 뜻일까? 여러분, 놀라지 마십시오. '월터는 방에서만 자는 게 아니었어요.'라는 텍스트가 나오는 페이지에는 다음과 같은 그림이 그려져 있습니다.

월터가 잠든 곳은 방도 아니고 거실도 아니고 부엌도 아닙니다. 바로

월터는 방에서만 자는 게 아니었어요.

수영장입니다. 월터는 수영장에 들어가 하늘을 보며 잠들어 있습니다. 그런데 수영장 가장자리 의자에 앉아 있는 아빠는 전화 통화를 하는 중입니다. 엄마 역시 컴퓨터를 보며 뭔가를 열심히 하고 있습니다.

이제 월터는 아무 때나, 아무 곳에서나 잠이 듭니다. 시리얼을 그릇에 담다가 잠들고, 혼자 그림을 그리다가 잠들고, 혼자 시소를 타다가 잠들고, 심지어 엄마와 함께 아쿠아리움에 가서도 잠이 듭니다. 그때마다 부모님은 이렇게 외칩니다.

"이제 그만 일어나, 월터!"

월터를 보는 두 가지 시선

잠자는 월터 이야기를 보는 두 가지 다른 시선이 있습니다. 한 사람은 아무 데서나 잠에 빠지는 월터 이야기를 신기하고 재미있게 바라볼 것입니다. 또 한 사람은 아무 데서나 잠에 빠지는 월터의 현실이 너무나

슬프고 걱정될 것입니다. 전자는 인생의 슬픔을 모르는 어린이의 시선이고, 후자는 인생의 슬픔을 아는 어른의 시선입니다.

물론 대부분의 그림책에서 세대 간 시선의 차이를 확인할 수 있습니다. 더불어 예술 작품을 보는 즐거움과 의미는 독자마다 다를 것입니다. 그럼에도 불구하고 한 작품을 바라보는 세대 간 시선의 차이가 크다는 것은, 그 작품이 특히 어른에게 충격과 감동을 준다는 뜻입니다. 그런 의미에서 『이제 그만 일어나, 월터!』는 특히 어른 독자에게 커다란 울림을 전하는 작품입니다.

저 역시 『이제 그만 일어나, 월터!』를 보는 내내 충격과 공포를 겪었습니다. 아무 데서나 잠든 월터가 행여나 잘못되지 않을까 전전긍긍했습니다. 그리고 아주 오래전에 본, 기면증을 앓던 소년과 그 친구의 여행을 다룬 영화 〈아이다호〉가 떠올랐습니다. 가슴이 너무 아팠습니다.

호오포노포노

옛날 하와이에서는 누군가 병이 들면, 환자 주위 사람들이 모두 모여 자신들이 어떻게 환자의 마음을 아프게 했는지 서로 고백하고 사과하는 의식을 치렀다고 합니다. 그렇게 환자의 마음을 달래서 환자의 병을 치료한 것입니다. 그 의식을 '호오포노포노'라고 부릅니다.

오늘날 사람들은 아프면 무조건 병원에 갑니다. 하지만 놀라운 현대 의학이 고칠 수 없는 병들은 점점 늘어만 갑니다. 우리에게 정말 필요한 것은 '호오포노포노' 같은 사랑의 치료라는 생각이 듭니다. 『이제 그만 일어나, 월터!』는 어린이와 어른, 모두의 마음을 달래 주는 '호오포노포노' 같은 그림책입니다.

누군가의 빈자리
『오늘은 5월 18일』

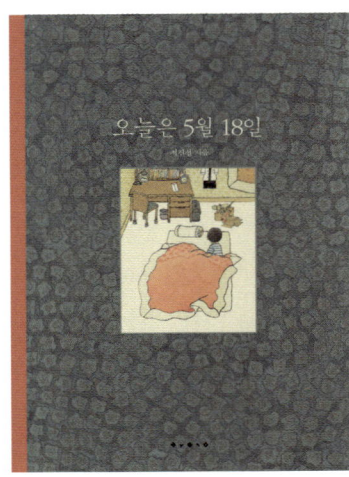

서진선 지음 | 보림

5월 18일에 무슨 일이 일어났을까?

그림책 『오늘은 5월 18일』의 표지는 얼핏 보면 짙고 두꺼운 액자 속에 끼워진 작고 오래된 사진 한 장입니다. 하지만 가만히 들여다보면 짙고 두꺼운 액자는 단단한 돌로 만들어진 광장의 길바닥입니다. 작고 오래된 사진 속에는 편지가 놓여 있는 책상, 가방, 교복, 알 수 없는 상자, 그리고 이부자리에서 일어나 돌아앉은 꼬마가 보입니다.

그러니까 그림책 『오늘은 5월 18일』의 표지는 '짙고 두꺼운 액자 속에 끼워진 작고 오래된 사진'이 아니라 '광장 가운데 놓인, 한 어린이의 방'입니다. 돌아앉은 꼬마는 무엇을 보고 있을까요? 더불어 꼬마가 자고 일어난 이부자리에는 베개만 덩그러니 놓인, 누군가의 빈자리가 있습니다. 누구의 빈자리일까요?

5월 18일 일요일

　나는 총이 갖고 싶다. 준택이는 생일 선물로 받은 총을 자랑했다. 엄마 아빠한테 총을 사 달라고 했지만 안 된다고 했다. 너무 속상해서 눈물이 나왔다. 누나가 총을 만들어 주겠다고 했다. 나무젓가락으로 총을 만드는 누나는 요술쟁이 같다. 우리 누나는 뭐든지 잘 만든다. 누나가 만든 종이비행기는 멀리 날아간다. 나는 누나가 참 좋다.

　주인공 '나'는 총을 갖고 싶은 어린이입니다. 진짜 장난감 총을 갖고 싶지만 엄마 아빠가 사 주지 않습니다. 그래서 너무 속이 상한 '나'에게 누나가 나무젓가락으로 총을 만들어 줍니다. 누나는 종이비행기도 만들어 줍니다. '나'는 누나가 참 좋습니다.
　그림을 보니 주인공 '나'의 집 마당입니다. 엄마는 빨래통에 빨래판을 넣고 손빨래를 하고 있습니다. 아빠는 닭이며 오리에게 사료를 주고 있습니다. 그리고 큰 나무 아래 넓은 평상마루가 있습니다. 누나는 평상에 주저앉아 나무젓가락으로 총을 만들고 있습니다. 별이 네 개나 그려진 작은 상자를 머리에 쓴 주인공 '나'는 기분이 너무 좋아서 누나에게 뽀뽀를 하고 있습니다.
　그런데 누나가 교복을 입었습니다. 표지를 다시 펼쳐 봅니다. 작고 오래된 사진을 다시 들여다봅니다. 벽에 교복이 걸려 있습니다. 바로 그

교복입니다.

서부 소년 차돌이와 타잔

제가 어릴 때는 텔레비전에서 〈서부 소년 차돌이〉라는 만화 영화를 방영했습니다. 지금 생각하면 아버지가 존 웨인이 보안관으로 나오는 서부영화를 좋아해서 그 만화를 볼 수 있었던 것 같습니다. 채널이라고 해야 KBS, MBC, TBC 세 가지뿐이었지만 채널 선택권은 언제나 아버지에게 있었으니까요.

〈서부 소년 차돌이〉를 보며 저도 총이 갖고 싶었습니다. 놀라운 총솜씨로 악당들을 물리치는 차돌이가 부러웠습니다. 저에게 총만 있다면 왠지 차돌이보다 더 잘 쏠 것 같았습니다. 물론 그런 일은 일어나지 않았습니다.

하지만 곧 저는 총에 대한 흥미를 잃어버렸습니다. 차돌이 대신 타잔에게 마음을 빼앗겼기 때문입니다. 타잔은 동물 친구들과 함께 줄타기 솜씨와 칼 하나로 총을 든 악당들을 물리쳤습니다. 타잔이야말로 저의 영웅이 되었습니다.

저는 동네 꼬마들을 집으로 불러서 타잔 놀이를 했습니다. 타잔처럼 '아아아~' 소리도 질러 보고 방 안을 뛰어다녔습니다. 서랍장 위에 올라갔다가 뛰어내리기도 하고 이불 위를 구르기도 했습니다. 정말 타잔이 된 것 같았습니다. 흥분한 저는 손에 든 하모니카를 타잔의 칼처럼 집어 던졌습니다.

딱! 윗집 꼬마가 제가 던진 하모니카에 머리를 맞았습니다. 꼬마는 울음을 터트렸고 깔고 앉은 이불 위로 붉은 피가 뚝뚝 떨어졌습니다. 울음소리에 동네 아주머니들이 달려왔고 저의 타잔 놀이도 그렇게 끝이 났습니다. 타잔은 더 이상 저의 영웅이 아니었고 칼도 갖고 싶지 않았습니다.

누구나 살인자가 될 수 있다

역사책에는 수많은 영웅이 나옵니다. 하지만 저는 그들 가운데 대부분은 영웅이 아니라고 생각합니다. 역사책에 나오는 영웅들은 사실 전쟁에서 이긴 살인자들입니다. 그런데 살인자들이 영웅이 된 까닭은 우리가 배우는 역사가 승자의 역사이기 때문입니다.

안타깝게도 진짜 영웅은 역사책에 나오지 않습니다. 정의를 말하고 인간의 양심을 믿었던 선량한 사람들이 그 잘난 영웅들에 의해 무자비하게 희생되었기 때문입니다. 하지만 더 무서운 것은 누구나 살인자가

5월 25일 일요일
비가 계속 내렸다. 아빠를 졸라 누나를 찾으러 가는
아빠를 따라갔다. 향냄새가 지독해 숨을 쉴 수가 없어서
밖에서 기다렸다. 어른들이 큰 소리로 울었다.
관이 너무 많아 무서웠다. 관 위에는 사진이 놓여 있었다.
아저씨, 아줌마, 대학생과 고등학생 형들.
예쁜 누나들 사진도 있었지만, 우리 누나는 없었다.
진짜 총에 맞아 죽은 사람이 이렇게나 많다니!

될 수 있다는 사실입니다.

　누구나 살인자가 될 수 있습니다. 생명의 존엄함을 모른다면, 타인의 삶을 존중하지 않는다면, 자기 욕망에만 미쳐 있다면, 무기가 얼마나 무서운 것인지 모른다면 누구나 살인자가 될 수 있습니다. 아직도 우리는, 살인자가 처벌받지 않고 반성하지도 않고 회고록을 내는 세상에 살고 있습니다.

　그림책 『오늘은 5월 18일』은 평범하고 단란했던 어느 가족의 이야기입니다. 주인공 '나'에게 나무젓가락 총과 종이비행기를 만들어 주던 누나는 1980년 5월 21일에 집을 나선 뒤 돌아오지 않았습니다. 지금도 '나'는 누나를 찾고 있습니다.

어른들은 눈뜬장님
『크리스마스 선물』

이순원 글 | 김지민 그림 | 북극곰

크리스마스 선물

은지 아빠는 크리스마스이브에도 일합니다. 아빠는 큰 건물을 지키는 경비원이기 때문입니다.

은지는 아빠와 함께 크리스마스이브를 보낼 수 없어서 섭섭합니다. 사실 아빠는 더 속이 상하지요. 회사에 와서도 아빠는 은지 생각에 마음이 편하질 않습니다.

그런데 마침 은지한테서 전화가 옵니다. 밤에도 일하는 아빠를 응원하러 엄마와 함께 회사 앞으로 오겠다고 합니다. 아빠는 전기실 아저씨한테 하소연합니다. 아내와 딸이 아빠를 응원하러 온다는데 근무

중이니 나갈 수도 없고 참 막막하다고 말이지요. 그러자 전기실 아저씨는 아빠한테 말합니다. 은지보고 회사로 곧장 오지 말고 회사 건너편에 와서 전화를 하라고 합니다.

저녁이 되자 모두 집으로 퇴근하고 아빠는 층층마다 돌아봅니다. 얼마 뒤 은지에게서 전화가 옵니다. 아빠는 전기실 아저씨에게 은지가 왔다고 알려 줍니다.

곧이어 은지한테서 다시 전화가 옵니다. 아빠가 쓴 문자가 보인다고 합니다. 전기실 아저씨가 건물 벽에 '아빠♡은지', '축 성탄'이라는 글자를 아로새기고 있던 것입니다. 아빠만 그 사실을 모르고 있었습니다.

어른들은 눈뜬장님입니다!

만약에 여러분이 그림책『크리스마스 선물』의 이야기를 이렇게 기억하고 있다면 여러분은 그림책『크리스마스 선물』을 본 게 아닙니다. 여러분은 그저 그림책에 나오는 글만 읽었을 뿐입니다. 이순원 작가의 원작 수필「크리스마스 선물」을 읽은 셈이지요.

아빠는 그게 무슨 말인지 몰랐어요.
아빠가 지키고 있는 회사 건물 벽에
'아빠 ♥ 은지' '축 성탄'이 별처럼 아로새겨지고 있었어요.

놀랍게도 많은 어른은 『크리스마스 선물』의 내용을 이렇게 기억하고 있습니다. 2015년 크리스마스이브에 JTBC 뉴스룸에서 이 책을 읽어 준 손석희 아나운서도 마찬가지였습니다. 손석희 아나운서가 이 책의 내용을 그렇게 읽은 것은 대본을 써 준 작가들 역시 그림책에서 그림을 보지 않고 글만 읽었기 때문입니다. 대한민국에서 교육을 받은 어른들은 이상하게도 그림책에서 그림을 보지 못합니다. 안타깝게도 그야말로 눈뜬 장님이 된 것입니다.

그림책 『크리스마스 선물』

하지만 어린이가 본 그림책 『크리스마스 선물』의 이야기는 전혀 다릅니다. 어린이는 그림책을 볼 때 당연히 그림을 보기 때문입니다.

"아빠, 오늘 일찍 집에 들어와요?"
아빠는 머뭇거리며 엄마 얼굴을 쳐다보았어요.
"은지야, 아빠 오늘 밤 일해서."

첫 장면에 나오는 글입니다. 그런데 그림을 들여다보면 왼편에는 은지네 집안 풍경이 보이고 집 밖 하늘에서는 누군가 풍선을 타고 오고 있습니다. 두 번째 장면에서는 은지에게 손을 흔들며 출근하는 아빠를 산타클로스와 루돌프가 지켜보고 있습니다. 바로 풍선을 타고 온 장본인들이지요. 이들은 나무에 낡은 전단지 한 장을 붙여 놓고 아빠를 가리키며 뭔가 얘기를 하고 있습니다. 전단지에는 '1975년 선물 받을 어린이'라고 쓰여 있고 남자 어린이의 모습이 그려져 있습니다. 그리고 세 번째

"아빠, 오늘 일찍 집에 들어와요?"
아빠는 머뭇거리며 엄마 얼굴을 쳐다보았어요.
"은지야, 아빠 오늘 밤 일하셔."

장면에서는 아빠가 다니는 회사로 몰래 잠입하는 산타클로스와 루돌프가 보입니다.

그림책 『크리스마스 선물』을 눈에 보이는 대로만 보면 이 책에서 산타클로스와 루돌프를 보지 못할 수가 없습니다. 그런데 왜 어른들은 이 책에서 산타클로스와 루돌프를 보지 못할까요? 그리고 대체 산타클로스와 루돌프는 아빠의 회사에서 무슨 일을 벌이는 걸까요?

궁금하시면 직접 그림책 『크리스마스 선물』을 펼쳐 보기 바랍니다. 이순원 작가가 감동적인 수필 「크리스마스 선물」을 썼다면 김지민 작가는 아름다운 그림책 『크리스마스 선물』을 만들었습니다. 그림책은 그림 작가의 예술인 것입니다.

진짜 크리스마스 선물

뻔히 눈앞에 보이는 그림을 보지 못하는 것처럼, 어쩌면 우리는 어린

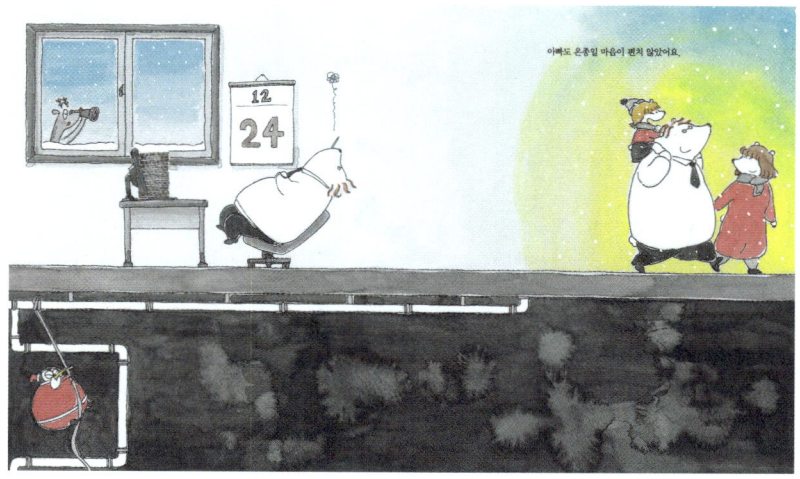

 이들이 정말 바라는 것을 외면하고 있는지도 모릅니다. 물론 우리는 그런 교육을 받았습니다. 하기 싫은 공부를 해야 했고 아파서 가기 싫은 날도 학교에 가야 했습니다. 하기 싫은 일을 하기 싫다고 말하면 버릇없다고 야단을 맞았습니다. 더군다나 강제로 공부를 시키고 강제로 학교에 보내는 것을 옳은 일이라고 배웠습니다.

 하지만 사실 그 모든 것은 폭력이었고 폭력의 정당화였습니다. 상대방이 아니라고, 싫다고 말하는데도 강제로 시키는 것을 강압이나 학대라고 합니다. 우리가 받은 교육은 교육이 아니라 강압이고 학대였으며 우리 모두를 노예로 만드는 교육이었다고 저는 생각합니다.

 그래서 지금도 어른들은 어린이의 목소리를 잘 듣지 못합니다. 어린이들이 진심으로 바라는 건 시험을 잘 보는 것도, 비싼 학원에 다니는 것도, 유학을 보내 주는 것도 아닙니다. 그것은 모두 어른들의 비뚤어진 욕망일 뿐입니다.

어린이들이 진심으로 바라는 것은 여러분의 사랑입니다. 함께 웃고 함께 먹고 함께 즐기며 행복한 시간을 갖는 것입니다. 돈은 그저 돈일 뿐입니다. 돈은 결코 여러분을 대신할 수도 여러분의 사랑을 대신할 수도 없습니다.

하지만 아름다운 추억은 우리 가슴에 영원히 남습니다. 진정한 선물은 사랑을 함께 나누는 것이니까요. 우리는 모두 사랑하는 가족과 함께 행복하기 위해 살지요. 부디 이번 크리스마스에는 서로에게 값비싼 선물 대신 아름답고 행복한 추억을 선물하기 바랍니다.

인생의 시련을 어떻게 받아들이는가
『간식을 먹으러 온 호랑이』

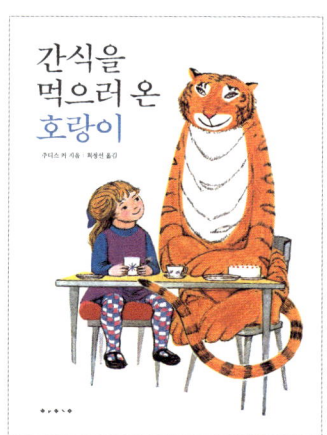

주디스 커 지음 | 최정선 옮김 | 보림

잊을 수 없는 이야기

주디스 커의 『간식을 먹으러 온 호랑이』는 1968년에 처음 출판되었습니다. 제가 태어나기 일 년 전에 출간된 그림책입니다. 그리고 이 글을 쓰는 지금은 2018년입니다. 『간식을 먹으러 온 호랑이』가 출간된 지 만 50년이 된 것입니다.

50년 묵은 그림책 『간식을 먹으러 온 호랑이』를 저는 너무너무 좋아합니다. 너무 좋아해서 무수한 신간 그림책을 제쳐놓고 다시 이 책을 골랐습니다.

누구나 한번 읽으면 결코 잊을 수 없는 이야기, 마음속에서 두고두고

메아리치는 이야기, 바로 주디스 커의 『간식을 먹으러 온 호랑이』입니다.

호랑이가 간식을 얻어먹으러 왔다고?

소피는 엄마랑 간식을 먹고 있습니다. 그런데 갑자기 초인종이 울립니다. 딩동! 엄마는 이상하다고 생각합니다. 올 사람이 없으니까요. 우유 아저씨는 아침에 다녀갔고, 반찬 가게 총각도 오늘은 오는 날이 아닙니다. 그럼 아빠는? 아빠도 아닙니다. 아빠한테는 열쇠가 있으니까요. 그럼 도대체 누가 왔을까요?

소피가 문을 열어 봅니다. 세상에! 문 앞에는 털복숭이 호랑이가 있습니다. 호랑이는 배가 고프다며 간식을 좀 얻어먹을 수 있는지 묻습니다. 마음씨 따뜻한 엄마가 호랑이를 안으로 들어오라고 합니다. 그런데 진짜 이야기는 이제부터 시작입니다.

엄마가 샌드위치를 권하자 호랑이는 접시에 있는 샌드위치를 몽땅 먹어 버립니다. 소피가 빵을 권하니까 호랑이는 접시에 있는 빵을 몽땅 먹어 버립니다. 호랑이는 피자도, 케이크도 몽땅 다 혼자서 먹어 치웁니다. 우유도 홍차도 모두 마셔 버립니다. 그리고 식탁 위의 음식을 모두 먹어 버린 호랑이는 식탁에서 내려와 어슬렁거리며 부엌을 빙 둘러봅니다.

이제 호랑이는 소피네 집에서 또 무엇을 먹을까요? 굶주린 호랑이는 어떻게 소피네 집을 찾아온 걸까요? 과연 소피와 엄마는 무사할까요? 호랑이와 사람이 한집에서 식사하는 이야기,『간식을 먹으러 온 호랑이』는 이상하고 알 수 없는 매력으로 가득 찬 그림책입니다.

누가 호랑이에게 문을 열어 줄까요?

현관문 앞에 호랑이가 있습니다. 여러분이라면 문을 열어 줄까요? 당연히 열어 주지 않을 겁니다. 호랑이한테 문을 열어 주다니! 말도 안 되는 일이지요. 오히려 안전을 위해 경찰을 불러야 할 일입니다. 그런데 왜 소피와 엄마는 호랑이에게 문을 열어 주었을까요?

"저기요, 저는 지금 배가 아주 고프거든요. 들어가서 간식을 같이 먹어도 될까요?"

호랑이는 소피와 엄마에게 이렇게 묻습니다. 아무리 험상궂은 호랑이라도 배가 고프다며 이렇게 예의 바르게 부탁하는데 마음씨 착한 소피와 엄마가 어떻게 거절할 수 있을까요?

물론 이런 소피와 엄마를 순진하고 바보 같다고 비난하고 싶은 분도

그러고 나서 호랑이는 부엌을 빙 둘러보았지.   먹을 거 또 없나?

있을 겁니다. 하지만 누구든 호랑이처럼 도움을 청하는 손님에게 문을 열어 준 경험이 있습니다. 어려운 상황에 처해서 도움의 손길을 청하는 이에게 누구나 자신의 손을 내어 준 기억이 있습니다.

이제 여러분의 기억에 덧붙여 묻고 싶은 게 있습니다. 여러분은 호랑이 같은 손님에게 문을 열어 준 일을 후회하지는 않습니까? 조금 도와주려고 했는데 너무 많이, 아주 탈탈 털려서 후회한 적은 없습니까? 호랑이 같은 손님을 만난다는 것은 어쩌면 불가항력의 운명은 아닐까요?

호랑이가 이렇게 귀여워도 되나요?

『간식을 먹으러 온 호랑이』는 독자에 따라 호랑이에 대한 해석이 천차만별로 달라지는 작품입니다. 누군가에게 호랑이는 어려움에 처한 손님이 될 수도 있고, 무례한 불청객이 될 수도 있습니다. 또한 누군가에게는 자연재해나 천재지변이 될 수도 있고 온갖 종류의 시련이 될 수도 있습니다. 어쨌든 호랑이가 상징하는 모습은 분명 삶의 어두운 면입니다.

놀라운 것은 작가 주디스 커가 마치 사랑스러운 도둑을 그려 내듯이 '삶의 시련'을 '미소 짓는 호랑이'라는 캐릭터로 만들어 냈다는 사실입니다. 실제로 『간식을 먹으러 온 호랑이』를 본 독자들은 이 미소 짓는 호랑이에게 매력을 느낍니다. 독자들은 나쁜 이성에게 끌리듯이 이 무례하고 탐욕스러운 호랑이에게 반하고 맙니다.

호랑이를 두려워하지 말라!

살면서 시련을 겪는 것은 분명 불가항력의 일입니다. 하지만 제 삶을 돌아보면 중요한 것은 어떤 시련을 겪는가가 아니라 시련을 어떻게 받아들이는가입니다. 더불어 주위에서 가족과 친구들이 건네주는 위로와 격려가 큰 힘이 됩니다.

소피의 가족은 호랑이가 가져온 시련을 아주 놀라운 태도로 해결합니다. 삶의 수많은 문제를 헤쳐 나가는 열쇠는 특별한 방법이 아니라 삶을 바라보는 따뜻한 시선과 긍정적인 태도가 전부이기 때문입니다.

그냥 간식 좀 얻어먹으러 온 호랑이가 50년째 독자들을 스스로 성장시키고 있습니다.

영원히 살 수 있다면?
『사과나무 위의 죽음』

카트린 셰러 글·그림 | 박선주 옮김 | 푸른날개

사과나무 위의 죽음

그림책『사과나무 위의 죽음』은 표지부터 시선을 확 끌어당깁니다. 표지에는 어떤 여우가 한입 베어 먹은 사과를 오른손에 들고 서 있습니다. 그런데 카트린 셰러가 그린 이 여우 할아버지가 너무나 인상적입니다.

신기하게도 여우 할아버지는 어떻게 보면 어린아이처럼 보이고 어떻게 보면 할아버지처럼 보입니다. 여우 할아버지의 눈은 어린이의 눈처럼 호기심으로 반짝거립니다. 하지만 가느다란 팔다리와 푸슬푸슬 힘없이 자란 털은 영락없이 할아버지입니다. 그리고 할아버지의 등에는 희뿌연 그림자가 보입니다.

게다가 그림책의 제목은 '사과나무 위의 죽음'입니다. 사과나무 위에서 누가 죽었을까요? 또 여우 할아버지와 사과나무는 무슨 관계일까요? 도무지 내용을 짐작할 수가 없습니다. 도대체 『사과나무 위의 죽음』은 어떤 이야기일까요?

사과나무

여우 할아버지에게는 사과나무가 한 그루 있습니다. 그런데 온갖 동물이 찾아와 여우 할아버지의 사과를 훔쳐 먹습니다. 그것도 여우 할아버지가 버젓이 보는 앞에서 말입니다. 어떤 동물도 늙고 힘없는 여우 할아버지를 두려워하지 않습니다.

그래도 하루는 여우 할아버지가 사과를 훔쳐 먹던 족제비 한 마리를

첫 번째로 검은새 두 마리가 사과나무에 철썩 달라붙었어요.

이어서 참새 세 마리, 다람쥐 한 마리, 애벌레 스물세 마리, 딱정벌레 열네 마리, 여기에다가 고양이 한 마리까지 같은 처지가 되었답니다.
놀란 동물들의 울음소리 때문에 여우 할아버지는 귀가 아팠어요.
결국 얼마 지나지 않아 동물들을 모두 풀어주었지요.
여우 할아버지의 사과나무에 이상한 주문이 걸렸다는 소문이 퍼졌어요.
덕분에 그날 이후로 아무도 사과나무를 찾지 않았답니다.

잡았습니다. 족제비는 자기를 살려 주면 할아버지의 소원 한 가지를 이루어 준다고 했습니다. 여우 할아버지는 '내 사과나무에 함부로 손을 대는 동물은 나무에 딱 붙어 버리면 좋겠어!' 하고 소원을 빌었습니다.

그러자 정말 소원이 이루어졌습니다. 수많은 동물이 사과나무에 딱 붙어 버렸습니다. 하지만 동물들이 떠드는 소리 때문에 여우 할아버지는 견딜 수가 없었습니다. 하는 수 없이 '이제 내려와!' 하고 마법을 풀어 주었습니다. 이제 더 이상 할아버지의 사과를 탐내는 동물은 없었습니다.

죽음이 찾아오다

사과나무 도둑 없이 평화로운 나날을 보내던 어느 날, 여우 할아버지에게 '죽음'이 찾아옵니다. 할아버지는 '죽음'에게 조금만 시간을 더 달라고 애원합니다. 하지만 '죽음'은 안타까운 얼굴로 고개를 저을 뿐입니다.

그때 여우 할아버지에게 불현듯 어떤 생각이 떠오릅니다. 여우 할아버지는 눈을 반짝이며 '죽음'에게 말합니다.

"그럼 마지막으로 사과 한 알만 먹고 가게 해 줘. 저기 저 빨갛게 윤이 나는 사과 한 알을 따 줄 수 있겠니?"

'죽음'은 할아버지가 부탁한 대로 사과나무 위로 올라가 사과를 땄습니다. 그리고 그 자리에서 '죽음'은 사과나무에 딱 붙어 버리고 말았습니다.

이제 '죽음'은 여우 할아버지에게 다가올 수 없습니다. 사과나무에

그리고 나서 다시 내려오려는데 이미 사과나무에
'죽음'의 몸이 달라붙어 버린 뒤였어요.
'죽음'은 꼼짝도 할 수 없었어요.
여우 할아버지는 만세를 불렀어요.
"바보! 내가 주문을 풀기 전까지 넌 절대로
내려올 수 없어! 그럼 난 영원히 천 년 만 년
살 수 있겠지?"
여우 할아버지는 춤까지 추었어요.
'죽음'은 가만히 웃기만 했지요.

딱 붙어 버렸으니까요. 여우 할아버지는 영원히 살 수 있게 된 것입니다. 그럼 여우 할아버지는 영원히 행복하게 살 수 있을까요? 만약 이렇게 우리가 죽음을 피할 수 있다면, 그래서 영원히 살 수 있다면 우리는 행복할까요?

죽음은 언제나 우리 곁에

어릴 때 큰집에 제사를 가면 제사상 위에 왜 그렇게 밥그릇이 많은지 몰랐습니다. 아주 나중에서야 그날 학교 운동장에 모인 사람들은 모두 죽임을 당했다는 얘기를 들었습니다. 제주도 모슬포가 고향인 아버지는 아주 작고 낮은 목소리로 말했습니다.

전쟁 통에 남편과 자식 둘을 잃은 외할머니는 전쟁 후에 친손자 하나,

외손자 하나를 앞세워 보냈습니다. 외할머니는 먼저 간 가족들 이야기가 나오면 "내가 먼저 죽어야 했는데…." 하시며 애통해하셨습니다. 다행히 외할머니는 95세까지 제 곁을 지켜주셨습니다.

가장 안타까웠던 분은 큰아버지 내외분이었습니다. 큰어머니가 먼저 중풍으로 쓰러져 의식을 잃고 요양병원에서 지냈습니다. 큰아버지는 큰어머니를 간병하는 중에 치매가 왔습니다. 결국 큰어머니가 돌아가셨을 때 큰아버지는 그 사실을 알 수가 없었습니다.

지금 우리는

평소 심장이 좋지 않던 저는 작년 봄 세브란스 병원에서 스텐트 시술을 권유받았습니다. 이후 여러 가지 한방 치료와 식이요법으로 지금까지 생존해 있습니다. 하지만 죽음이 언제나 제 곁에 있음을 아주 잘 알고 있습니다.

물론 젊은 날엔 젊음의 고마움을 모르고 건강할 땐 건강의 고마움을 모르며 사랑할 땐 사랑의 고마움을 모릅니다. 돌아보면 저와 아주 짧은 시간을 함께한 작은형이나 오랜 시간을 함께해 주신 외할머니 모두 고맙고 그립습니다. 함께한 시간의 길이는 문제가 아니었습니다.

이제 죽음이 항상 곁에 있는 지금, 제게 소중한 건 곁에 있는 사람들뿐입니다. 서로 사랑하고 사랑받는 일뿐입니다. 죽음은 언제나 사과나무 위에서 우리를 기다리고 있습니다.

당신이 혼자 남겨진다면…
『누가 상상이나 할까요?』

주디스 커 글·그림 | 공경희 옮김 | 웅진주니어

얼핏 보면 평범한 그림, 자세히 보면 환상적인 그림

　얼핏 보면 그림책『누가 상상이나 할까요?』의 표지 그림은 평범하기 이를 데가 없습니다. 연한 분홍빛 배경에 아래로는 여러 가지 꽃이 피어 있습니다. 한가운데에는 할머니 할아버지가 마주 보고 있는데 마치 춤을 추는 것 같습니다. 할아버지는 빨간 재킷을 입고 노란 넥타이를 맸습니다. 할머니는 초록색 원피스를 입고 보라색 카디건을 입었습니다. 그것 말고는 별로 특이한 점이 없습니다. 얼핏 보면 그렇습니다.

　하지만 자세히 보면 이렇게 아름다운 그림이 없습니다. 여러 가지 꽃 사이로 귀여운 동물들이 숨어 있습니다. 나비와 고양이, 앵무새와 잠자리, 금붕어와 토끼, 두루미와 생쥐도 보입니다. 아! 개구리도 보이네요. 그렇다면 도대체 이곳은 어디일까요? 풀밭일까요? 아니면 물속일까요? 아주 신기한 그림입니다.

게다가 춤을 추는 것처럼 보였던 할아버지 할머니의 두 발이 살짝 공중에 떠 있습니다. 두 사람은 춤을 추는 게 아니라 하늘을 날고 있는 것입니다! 무엇보다 할머니 할아버지는 서로를 바라보며 너무나 사랑스러운 미소를 짓고 있습니다. 이보다 아름답고 신기하고 환상적인 그림이 있을까요?

두 개의 속표지

그림책 『누가 상상이나 할까요?』에는 또 한 가지 특별한 점이 있습니다. 바로 속표지가 두 장이나 있다는 사실입니다. 보통은 면지 다음에 판권 페이지와 속표지가 딱 한 번씩 나옵니다. 그런데 『누가 상상이나 할까요?』는 면지 다음에 백지와 속표지가 나옵니다. 그리고 그다음 페이지에 판권 페이지가 나오고 속표지가 다시 한 번 나옵니다. 왜일까요?

두 장의 속표지에 대한 비밀은 비슷한 듯 다른 두 장의 속표지 그림 안에 있습니다. 두 장의 속표지는 정말 비슷합니다. 얼핏 보면 두 장 모두 할머니가 액자에 넣은 사진을 들고 있고, 고양이가 할머니를 올려다보는 모습입니다.

그런데 자세히 보면 두 장의 그림이 다릅니다. 앞에 나온 속표지에서는 할머니가 사진을 보고 있습니다. 그리고 뒤에 나온 속표지에서는 할머니가 고양이에게 사진을 보여 주고 있습니다. 할머니가 고양이에게 사진을 자랑하고 있는 것입니다. 그림책의 거장 주디스 커가 속표지 그림 두 장으로 이런 장난을 칠 줄 누가 상상이나 할까요?

홍차를 기다리는 할머니

사람들은 내가 홍차를 기다리는 줄 알아요.

이야기는 어느 할머니의 독백으로 시작됩니다. 그런데 그림을 보면 정말 할머니가 홍차를 기다리는 것처럼 보입니다. 할머니는 소파에 앉아 곁에 앉아 있는 하얀 고양이를 웃으며 바라보고 있습니다. 고양이도 할머니를 웃으며 보고 있습니다. 그런데 이 모습이 소파에 앉아 홍차를 기다리는 모습이 아니라면 할머니는 도대체 무엇을 하는 걸까요?

하지만 아무리 생각해도 제가 그 이유를 말씀드리면 안 될 것 같습니다. 독자에게서 이 그림책을 보는 즐거움을 빼앗으면 안 되기 때문입니다. 물론 그 이유는 이 그림책이 주는 수많은 감동 가운데 하나에 불과합니다. 어쨌든 주인공 할머니가 무엇을 하고 있는지 궁금하다면 꼭 책을 보고 확인하시기 바랍니다.

만약 당신이 혼자 남겨진다면

만약 당신이 혼자 남겨진다면 당신의 마음엔 가장 먼저 누가 떠오를까요? 누가 가장 보고 싶을까요? 당신은 누구를 가장 사랑했나요? 당신을 가장 사랑한 사람은 누구일까요? 당신보다 먼저 이 세상을 떠난 사람들 가운데 누가 날마다 당신을 찾아와서 위로해 줄까요?

당신의 마음에 가장 먼저 떠오른 사람, 당신이 가장 보고 싶은 사람,

당신이 가장 사랑한 사람, 당신을 가장 사랑한 사람! 그 사람은 아마도 지금 당신 곁에 있는 사람일 겁니다. 당신은 그 사람과 함께 살고 함께 아이들을 키우며 삶의 희로애락을 나누고 있습니다. 당신은 그 사람에게, 그 사람은 당신에게 그렇게 소중한 사람입니다. 하지만 그 사람과 당신 가운데 한 사람은 먼저 이 세상을 떠나게 됩니다….

부디 혼자 남겨지기 전에

부디 혼자 남겨지기 전에 당신과 그 사람이 함께 아름다운 추억을 더 많이 만들면 좋겠습니다. 여러 가지 이유로 시도조차 못해 본 일이 있다면 함께 도전해 보면 좋겠습니다. 이런저런 이유로 가 보지 못한 곳이 많다면 세계 곳곳을 함께 여행하면 좋겠습니다. 서로 사랑하는 만큼 늘 사랑한다고 말하고 함께 행동하면 좋겠습니다.

그러면 비록 혼자 남겨지더라도, 비록 먼저 떠나더라도 이승과 저승의 경계를 넘어 서로가 서로의 손을 잡게 될 것입니다. 함께 만든 추억을 되새기며 기쁜 마음으로 기다릴 것입니다. 부디 다시 만나기를, 다시 사랑할 수 있기를!

그림책 『누가 상상이나 할까요?』는 세상에서 가장 아름답지만 가장 슬픈 상상을 담은 그림책입니다. 그럼에도 불구하고 주인공 할아버지 할머니는 아주 행복해 보입니다. 두 사람이 서로를 진심으로 사랑했기 때문입니다.

크로키가 붙잡은 순간들
『어느 개 이야기』

가브리엘 뱅상 지음 | 열린책들

개를 버리다

도로를 달리던 자동차에서 누군가 창밖으로 개를 집어 던집니다. 길 위에 버려진 개는 죽을힘을 다해 자동차를 쫓아갑니다. 자동차를 쫓아 달리고 또 달립니다. 버려진 개는 자신이 가족으로부터 버려졌다는 사실을 여전히 모릅니다.

『어느 개 이야기』의 첫 장면은 대단히 충격적입니다. 달리는 차의 뒷모습과 무자비하게 창밖으로 던져진 개의 모습이 아주 간결한 크로키로 그려져 있습니다. 아주 이상한 소리로 들리겠지만, 이 장면은 아주 빠른 속도의 움직임을 보여 주는 동시에 숨이 멎은 것처럼 고요합니다. 마치

가브리엘 뱅상이 빠른 손놀림으로 달리는 차와 버려지는 개를 그리는 순간, 자동차와 허공에 던져진 개도 함께 멈추어 버린 듯한 느낌입니다.

개는 가족들이 돌아올 거라고 믿는다

개를 버린 가족들은 뒤를 한번 돌아보고는 전속력으로 개의 시야에서 사라집니다. 개는 달리다가, 달리다가, 달리다가 멈춰 섭니다. 이제 길 끝에는 아무것도 보이지 않습니다. 길은 아주 텅 비었습니다.

그런데도 개는 포기할 줄을 모릅니다. 이제 고개를 숙이고 길 위에서 냄새를 맡습니다. 냄새를 맡다가 고개를 들어 다시 길을 살핍니다. 그리고 다시 냄새를 맡습니다. 개는 자신이 버려졌다는 사실을 상상도 하지 못합니다. 개는 가족들이 다시 돌아올 거라고 믿습니다.

이제 이 개 앞에는 어떤 모험이 펼쳐질까요? 과연 가족들은 개에게 다시 돌아올까요?

크로키로 살아 있는 순간을 붙잡다

어릴 때 미술 시간이 생각납니다. 그때 미술 선생님이 크로키를 뭐라고 설명했는지는 잘 기억나지 않습니다. 다만 미술 선생님이 재촉하는 바람에 아주 빨리 그림을 그려야 했고 동작이 느린 저에게 크로키는 너무나 어렵게 느껴졌습니다. 도대체 왜 크로키를 연습해야 하는지도 몰랐습니다.

가브리엘 뱅상의 그림은 크로키의 위력을 전해 줍니다. 간결한 그림

에서 뱅상의 빠른 손놀림이 느껴집니다. 크로키가 완성되는 순간, 뱅상이 그토록 붙잡고 싶었던 삶의 순간들이 생생하게 살아납니다. 뱅상의 그림은 너무나 단순한데도 사진이나 영상이 포착하기 어려운, 살아 있는 순간들을 붙잡아 냅니다.

뱅상이 그린 크로키가 특별한 이유는 뱅상의 그림이 독자에게 말을 걸어오기 때문입니다. 뱅상의 그림은 독자의 가슴을 콕 찌릅니다. 뱅상의 그림은 독자의 눈물샘을 톡 터트립니다. 뱅상의 그림은 독자의 마음

을 토닥토닥 다독여 줍니다. 뱅상의 그림은 독자의 감정을 출렁이게 만듭니다. 이것이 바로 뱅상의 그림책에 글이 필요 없는 이유입니다. 가브리엘 뱅상의 『어느 개 이야기』는 글 없는 그림책입니다.

하치 이야기

벨기에에 『어느 개 이야기』가 있다면, 일본에는 〈하치 이야기〉가 있습니다. 저는 라세 할스트롬이 감독하고, 리처드 기어가 주연으로 출연한 할리우드판 〈하치 이야기〉를 보았습니다.

저렇게 유명한 감독과 배우가 만나서 이렇게 후진 영화를 만들 수 있다는 사실에 실망을 금하지 못했습니다. 영화가 재미없다고 불평하면서도 죽은 교수를 기다리는 주인공 개 하치를 보며 저는 하염없이 눈물을 흘렸습니다. 마지막에는 엉엉 울어 버렸습니다.

『어느 개 이야기』와 〈하치 이야기〉는 전혀 다른 이야기처럼 보입니다. 두 작품이 전혀 다른 이야기처럼 보이는 이유는 개가 가족과 이별하는 이유가 다르기 때문입니다. 『어느 개 이야기』의 개는 가족에게 버림을 받았습니다. 하지만 〈하치 이야기〉의 개 하치는 가족의 죽음 때문에 어쩔 수 없이 이별할 수밖에 없었습니다.

하지만 두 작품은 같은 감동을 지닌 작품입니다. 사람은 개를 버려도 개는 사람을 버리지 않기 때문입니다. 더 솔직하고 정확하게 말하자면, 개처럼 믿음직한 사람이 드물기 때문입니다.

개의 위대한 사랑

개는 가족을 차별하지 않습니다. 개는 가족이 부유하든 가난하든 아무 상관없이 가족을 사랑합니다. 개는 가족이 어리든지 늙든지 상관없이 가족을 사랑합니다. 개는 가족이 공부를 잘하든 못하든 상관없이 가족을 사랑합니다. 개는 가족의 인종도, 국가도, 성별도 차별하지 않습니다. 개의 가족에 대한 사랑은 차별 없는 사랑입니다. 개의 가족에 대한 사랑은 무한하고 희생적입니다.

그러고 보니 부처님이 말씀하신 차별 없는 자비심과 예수님이 말씀하신 희생적인 사랑을 몸과 마음으로 실천하는 존재가 바로 개입니다. 분명히 개는 인간의 스승이고 가족이며 사랑 그 자체입니다. 인간이 개를 보호하고 키운다는 생각은 인간의 착각일 뿐입니다.

가브리엘 뱅상의 『어느 개 이야기』는 인간의 비정함과 개의 위대한 사랑을 놀라운 크로키로 완성한 작품입니다. 그림책 『어느 개 이야기』를 보는 일은 더 이상 아무런 말도 글도 필요 없는, 아주 강렬하고도 뜨거운 체험이 될 것입니다.

로쿠베가 구덩이에 빠진 날
『로쿠베, 조금만 기다려』

하이타니 겐지로 글 | 초 신타 그림 | 햇살과나무꾼 옮김 | 양철북

반전의 매력

세상의 그림책은 두 가지로 나눌 수 있습니다! 하나는 제가 좋아하는 그림책이고 다른 하나는 다른 사람이 좋아하는 그림책입니다. 알고 보면 행복의 기준도 저마다 취향의 문제입니다. 따라서 때로는 단지 표지가 맘에 들지 않아서 그림책을 펼치기 어려울 때도 있습니다.

그런데 가끔 그렇게 펼친 그림책이 저를 더 강렬하게 매료시키기도 합니다. 그렇게 발견하는 반전의 매력은 거의 충격적입니다. 저에게는 재클린 우드슨이 쓰고 E. B. 루이스가 그린 『친절한 행동』이 그런 작품입니다. 또 오늘 이야기하는 그림책 『로쿠베, 조금만 기다려』가 그렇습니다.

로쿠베는 무엇을 기다릴까?

표지에는 로쿠베로 짐작되는 강아지 한 마리가 얌전하게 있습니다. 다리를 워낙 뭉툭하게 표현해서 앉은 건지 서 있는 건지 알 수가 없습니다. 노란색이 로쿠베를 조명처럼 비추고 있고, 로쿠베는 어딘가 위를 보고 있는데 로쿠베 앞에 마주 서 있는 것이 나무인지 담인지 또한 알 수가 없습니다. 도대체 로쿠베는 무엇을 조금만 더 기다려야 할까요?

사실 강아지 로쿠베는 깊은 구덩이에 빠졌습니다. 구덩이가 얼마나 깊은지 로쿠베는 보이지도 않습니다. 로쿠베가 짖는 소리만 들립니다. 하지만 아이들은 소리만 들어도 로쿠베임을 알아챕니다. 마츠오가 집에서 손전등을 가져와 비추자 로쿠베가 보입니다. 아이들은 로쿠베에게 힘내라고 외치고 로쿠베는 멍멍 짖습니다.

하지만 초등학교 1학년인 아이들은 로쿠베를 구할 수가 없습니다. 형들은 아직 학교에서 오지 않았고 아빠들은 모두 일터로 갔습니다. 이제 어린아이들은 무엇을 해야 할까요? 어떻게 해야 구덩이에 빠진 강아지 로쿠베를 구할 수 있을까요?

누군가를 구하는 일이 그렇게 어려운 일일까요?

『로쿠베, 조금만 기다려』의 책장을 넘기던 독자들은 곧 씁쓸함과 불쾌함과 답답함과 분노를 느끼게 됩니다. 로쿠베를 구하기 힘든 이유는 어린이들이 힘이 없기 때문이 아니라, 바로 어른들의 무관심과 생명 경시 때문이라는 걸 알게 됩니다.

어떤 아주머니는 구덩이에서 로쿠베를 구하는 일은 남자들이 필요한 일이라고 말하면서도 정작 어른들을 데려오지 않습니다. 어떤 아저씨는

하지만 힘내라고
소리치기만 해서는
안 되겠습니다.
어떻게 하면
로쿠베가
힘을 낼 수 있을까요?
누군가 줄을 타고
구덩이로 내려갈 수
있으면 좋겠지만,

초등학교 일학년한테는
힘든 일입니다.
형들은 아직 학교에서
돌아오지 않았습니다.
오늘은 일요일이 아니라서
아빠들도 집에 없고요.

큰일났네.
큰일났어.

구덩이에 빠진 게 사람이 아니라 개라서 다행이라며 가 버립니다. 이렇듯 어른들이 로쿠베를 도와주지 않는 이유는 저마다 다양합니다.

위기에 처한 생명을 외면하면서 어른들은 어쩜 그렇게 무덤덤하고 당당할까요? 과연 위기에 처한 생명이 자기 아이여도 그랬을까요? 자기 강아지여도 그랬을까요?

초 신타의 배우들

구덩이 밖에는 다섯 명의 어린이가 있습니다. 구덩이 안에는 로쿠베가 있고요. 하지만 배경은 구덩이뿐입니다. 로쿠베를 구할 때까지 어린이들은 아무 데도 갈 수가 없습니다. 『로쿠베, 조금만 기다려』는 단 한 장소에서 벌어지는, 아주 단조롭고 연극적인 작품입니다.

그런데 초 신타의 그림은 독자들을 몰입하게 만듭니다. 똑같은 장소에서 똑같은 주인공들이 계속 나오는데 지루하기는커녕 흥미진진합니다. 초 신타가 이 단조로운 이야기를 풍부하게 만든 방법은 여러 캐릭터의 표정 연기입니다.

주인공 로쿠베의 감정 연기는 단연 최고입니다. 더불어 밖에서 기다리는 어린이들의 간절한 표정 변화는 로쿠베와 어린이들의 마음을 끈끈하게 이어 줍니다. 무엇보다 다양한 방법으로 표현된 구덩이는 슬프고도 아름답습니다. 초 신타는 구덩이를 로쿠베의 슬픔을 담아내는 아름다운 그릇으로 표현했습니다.

어린이가 어른을 구원합니다!

『로쿠베, 조금만 기다려』를 보는 한국 독자들의 가슴은 더욱 먹먹합니다. 세월호의 기억이 가슴에 살아 있기 때문입니다. 세상의 모든 아이가 우리 아이이고, 세상의 모든 동물 친구가 우리의 가족이기 때문입니다.

언제나 어린이가 어른을 구원합니다. 어린이처럼 순수하고 간절하게 사랑할 때 세상은 아름다운 곳이 됩니다. 어린이는 말합니다.

"어른들아, 조금만 기다려! 우리가 구해 줄게."

건설업자의 예술적 변신
『힘센 브루저』

개빈 비숍 글·그림 | 공민희 옮김 | 한솔수북

브루저는 불도저

이 그림책의 주인공인 '브루저'는 땅을 파거나 다지는 기계입니다. 보통 불도저라고 부르지요. 브루저는 아주 당당하게 소리를 지르며 앞으로 돌진합니다.

"이봐! 내 앞에서 비켜! 나는 고속도로를 건설해야 해."

월요일에 브루저는 언덕을 다섯 개나 갈았습니다. 화요일에는 바위 열 개를 잘게 부수었지요. 수요일에는 숲 세 곳을 밀어 버렸고요, 수선화 꽃밭도 깡그리 뭉개 버렸습니다. 목요일이 되자 브루저는 기름 한 통을 마셨습니다. 그리고 그동안 자신이 해놓은 일들을 돌아보았습니다. 언덕 다섯 개, 바위 열 개, 숲 세 곳 그리고 수선화 꽃밭을 없애 버린 것입니다. 브루저는 자기 자신을 큰소리로 칭찬했습니다.

"괜찮은데, 브루저! 아주 잘했어!"

어느 건설업자의 이야기

불도저인 '브루저'가 온갖 만행을 저지르고도 자신을 칭찬하는 장면에서 온몸에 소름이 돋았습니다. 세상의 모든 건설 현장이 떠올랐기 때문입니다. 산과 논밭이 사라지고 아파트 단지와 빌딩숲이 세워집니다. 날마다 새로운 고속도로가 만들어집니다. 특히 산이 많은 우리나라에서는 산마다 너무나 많은 터널을 만들고 있습니다.

그림책 속 주인공 브루저 역시 무자비하고 저돌적인 건설업자를 그대로 닮았습니다. 특이한 점은 작가 개빈 비숍이 브루저의 눈을 유리창에

그렸다는 것입니다. 그동안 자동차를 모델로 만든 많은 캐릭터가 헤드라이트에 눈을 그려 넣은 것에 비하면 아주 이색적이라고 할 수 있습니다.

중요한 것은 작가의 이런 시도가 대단히 성공적이라는 사실입니다. 불도저 유리창에서 이리저리 굴러다니는 검고 성난 눈동자는 브루저의 저돌적인 성격을 아주 강렬하고도 효과적으로 드러내고 있습니다.

여기까지 본 브루저의 모습은 돈이라면 영혼도 내다파는 무자비한 건설업자의 모습 그대로입니다. 하지만 브루저는 곧 달라집니다. 도대체 왜, 어떤 이유로 브루저는 냉혹한 건설업자에서 따뜻하고 인간적이며 친환경적인 건설업자로 거듭나게 될까요? 어쩌면 너무나 순진해 보이는 이야기가 왜 이렇게 뜨거운 감동을 불러일으키는 걸까요?

'트랜스포머'보다 힘센 '브루저'

할리우드 영화감독 마이클 베이가 〈트랜스포머〉 시리즈를 아무리 많이 만들어도 뉴질랜드의 그림책 작가 개빈 비숍이 만든 그림책 『힘센 브루저』가 전하는 감동을 넘어서기는 어려울 것 같습니다. 참 신기한 일이지만 이것이 예술 작품의 위력입니다.

〈트랜스포머〉는 현란한 컴퓨터 그래픽과 압도적인 액션 장면으로 관객의 눈과 귀를 사로잡습니다. 반면 그림책 『힘센 브루저』의 캐릭터는 지극히 단순합니다. 트랜스포머처럼 변신하기는커녕 그냥 보통 불도저가 하는 일을 열심히 할 뿐입니다. 심지어 작가 개빈 비숍은 주인공을 너무 단순하게 그린 게 미안해서인지 도로나 나무, 그리고 작은 동물들을 다양한 소재의 콜라주로 표현합니다. 물론 미안해서 콜라주 기법을 썼다는 말은 농담입니다. 개빈 비숍의 콜라주는 단순하지만 서정적입니다.

그런데 이렇게 단순한 그림의 『힘센 브루저』가 영화 〈트랜스포머〉보다 더 강렬한 인상과 감동을 줍니다. 그림을 정말 잘 그린다는 뜻은 기교가 뛰어나다는 의미가 아니기 때문입니다. 또한 아무리 기교가 뛰어나도 독자나 관객의 마음을 움직일 수 없다면 그건 분명 헛수고입니다. 요컨대 정말 아름다운 그림, 뛰어난 시각예술은 진정성으로 독자와 관객의 마음을 사로잡는 예술 작품이기 때문입니다.

세상에서 가장 아름다운 자연환경을 가진 나라

하늘에서 내려다본 한국의 자연환경은 세상에서 가장 아름답습니다. 제 눈에는 독일보다, 이탈리아보다, 그 어떤 나라보다 더 아름답습니다. 하지만 해마다 우리의 자연환경은 아파트 단지와 고속도로 등을 짓는 무분별한 건설로 파괴되고 있습니다. 물론 그렇다고 해서 무작정 건설을 하지 말자는 뜻이 아닙니다.

아름다운 우리 자연을 파괴하는 건설을 하지 맙시다. 그 대신 아름다운 우리 자연을 살리고, 아름다운 우리 자연과 조화를 이루는 예술적인 건설을 합시다. 부디 그림책 『힘센 브루저』에서 한국 사람 모두가 그 놀라운 지혜를 발견하기 바랍니다.

이름 없는 두 주인공
『이름 짓기 좋아하는 할머니』

신시아 라일란트 글 | 캐스린 브라운 그림
신형건 옮김 | 보물창고

두 종류의 그림책

세상에는 두 종류의 그림책이 있습니다. 하나는 전통적인 이야기 그림책입니다. 이야기가 먼저 만들어지고 이야기 내용을 그대로 그림으로 그려서 만든 그림책입니다. 글과 그림의 이야기가 똑같기 때문에 그림을 보지 않아도 내용을 이해할 수 있습니다. 그림이 옵션인 동화책인 셈입니다.

또 하나는 현대적인 그림책입니다. 현대적인 그림책은 그림이 이야기를 주도합니다. 때로는 글과 그림이 대화를 하고, 때로는 글이 그림처럼 그려지기도 합니다. 또한 글이 하나도 없는 그림책도 있습니다. 따라서 현대적인 그림책은 그림을 보지 않고서는 도저히 이해할 수 없는, 진짜 그림책입니다.

하지만 전통적인 그림책이든 현대적인 그림책이든 성공의 관건은 독자의 마음을 얼마나 사로잡느냐입니다. 작가는 지식과 메시지로 독자를 가르치기 위해서가 아니라 재미와 감동으로 독자의 마음을 사로잡기 위해 작품을 만들기 때문입니다.

『이름 짓기 좋아하는 할머니』는 전통적인 이야기 그림책입니다. 신시아 라일런트의 글만 읽어도 충분히 재미있고 감동적입니다. 그렇다고 그림이 딱히 현대적이거나 개성적이지도 않습니다. 게다가 캐스린 브라운은 전통적인 수채화를 그렸습니다. 그런데 그녀의 그림이 독자의 시선을 끌어당깁니다. 어쩌면 동어반복에 불과할 수 있었던 그녀의 그림이 어떻게 이 책의 주인공이 되었을까요?

이름 짓기 좋아하는 할머니

이름 짓기를 좋아하는 할머니가 있었습니다. 할머니는 자동차에게 '베치'라는 이름을 지어 주었습니다. 의자에게는 '프레드'라는 이름을, 침대에게는 '로잰느'라는 이름을, 그리고 집에게는 '프랭클린'이라는 이름을 지어 주었습니다.

매일 아침 할머니는 로잰느에서 일어나, 프레드에 앉아 코코아를 마시고, 베치를 타고 우체국으로 갔습니다. 할머니는 언제나 편지를 기다렸습니다. 하지만 편지는 오지 않았습니다. 할머니의 친구들이 모두 돌아가셨기 때문입니다. 사실 할머니에게는 다정하게 이름을 부를 친구가 하나도 없었습니다.

그래서 할머니는 자기보다 오래 살 수 있는 것들에게만 이름을 짓기 시작했습니다. 자동차, 의자, 침대, 집…. 할머니는 그들보다 오래 살 걱정을 할 필요가 없었습니다.

어느 날, 갈색 강아지 한 마리가 할머니 집을 찾아왔습니다. 갈색 강아지는 무척 배가 고파 보였습니다. 할머니는 냉장고에서 햄 한 덩이를 가져다주었습니다. 강아지는 날마다 할머니를 찾아왔습니다. 할머니는 날마다 강아지에게 먹을 것을 주었습니다. 하지만 할머니는 강아지에게 이름을 지어 주지 않았습니다. 강아지가 할머니보다 오래 살 것 같지 않았기 때문입니다.

베치, 프레드, 로잰느, 프랭클린

평범해 보이는 캐스린 브라운의 그림이 이 그림책의 주인공이 된 이유는 무엇일까요? 신시아 라일런트의 글을 읽는 동안 독자의 마음속에서는 두 명의 주인공이 보입니다. 바로 할머니와 갈색 강아지입니다. 『이름 짓기 좋아하는 할머니』는 자기보다 오래 사는 물건에게만 이름을 짓는 할머니가 어떻게 갈색 강아지에게 이름을 지어 주게 되었는가에 관한 이야기입니다.

그런데 독자들은 자꾸 그림에 신경이 쓰입니다. 신경이 쓰이는 건 주인공인 할머니와 갈색 강아지가 아닙니다. 자동차인 베치가, 의자인 프레드가, 침대인 로잰느가, 집인 프랭클린이 자꾸만 신경이 쓰입니다. 마치 그들이 독자를 쳐다보는 것만 같습니다.

맞습니다! 실제로 베치와 프레드와 로잰느와 프랭클린이 여러분을 바라보고 있습니다. 그림 작가 캐스린 브라운은 자동차와 의자와 침대와 집에게 사람의 얼굴을 그려 넣었습니다.

이름 없는 두 주인공

아이러니하게도 이름 있는 자동차와 의자와 침대와 집이 이름 없는 할머니와 갈색 강아지를 지켜보고 있습니다. 가슴 아프지만 바로 우리가 사는 모습입니다. 혼자 남겨지는 게 두려워서, 상처받는 게 두려워서, 먼저 떠나는 게 두려워서 사랑하지 못하는 모든 사람에게 이 책을 권합니다.

수수께끼 같은 소녀와 사자
『집으로 가는 길』

하이로 부이트라고 글 | 라파엘 요크텡 그림
김정하 옮김 | 노란상상

안녕! 우리 집까지 함께 가 줄래?

한 소녀와 사자가 푸른 언덕 위에서 서로를 마주 보고 있습니다. 소녀는 사자에게 꽃을 건네며 부탁합니다.

안녕! 우리 집까지 함께 가 줄래?

사자는 소녀의 뒤를 따라 걷습니다. 어느 학교 앞을 지나갑니다. 기지개를 켜며 가는 소녀와 달리 거리를 걷던 어른들은 소리를 지르며 달아납니다. 심지어 어떤 어른은 너무 놀라 정신을 잃고 맙니다. 아이들도 제각각입니다. 사자를 반가워하며 달려드는 아이도 있습니다. 물론 아빠로 보이는 어른이 붙잡고 말립니다. 어떤 아이는 사진을 찍고 어떤 아이는 자리에 주저앉아 울고 맙니다.

하지만 주인공 소녀는 주위에서 벌어지는 일을 전혀 아랑곳하지 않습니다. 그저 씩씩하게 집으로 걸어갑니다. 소녀에게는 아직 가야 할 길이 많이 남았기 때문입니다.

도대체 이 사자의 정체는 무엇일까요? 소녀는 어쩌자고 사자를 데리고 집으로 갈까요? 연약한 소녀가 집으로 가는 길에 다짜고짜 사자를 끌고 가는 그림책, 『집으로 가는 길』입니다.

집으로 가는 길에 잠들지 않도록 내게 이야기를 해 주면 좋겠어.

소녀는 참 이상합니다. 무서운 사자에게 자기 집까지 함께 가 달라고 부탁하는 것부터 이상합니다. 소녀는 집으로 가는 길이 사자보다 더 무서운 걸까요? 대체 집으로 가는 길에는 어떤 위험이 도사리고 있을까요? 여러분도 두려움에 떨며 집으로 가던 기억이 있나요?

그런데 집으로 가는 길이 아무리 무서워도 어쩌자고 사납고 무서운 사자한테 함께 가 달라고 부탁했을까요? 아마도 소녀는 사자가 무섭지

집으로 가는 길에 잠들지 않도록
내게 이야기를 해 주면 좋겠어.

않은가 봅니다. 소녀는 왜 사자가 무섭지 않을까요? 사자의 어떤 점이 그렇게 믿음직스러운 걸까요?

그뿐만이 아닙니다. 소녀는 사자에게 자신이 집으로 가는 길에 잠들지 않도록 이야기를 들려 달라고 부탁합니다. 기지개를 한껏 켜면서 말입니다. 너무나 이상하게도, 아직 해도 저물지 않았는데 소녀는 잠이 옵니다. 소녀는 너무나 피곤한 것입니다. 아직 나이도 어린 소녀가 왜 이렇게 피곤해하는 걸까요?

우리 집은 아주 멀어서 한참을 걸어가야 해.

소녀의 말과 행동에서 이상한 점은 한두 가지가 아닙니다. 반면 라파엘 요크텡의 그림은 스펙터클한 코미디의 연속입니다. 사자를 무서워하기는커녕 사자를 데리고 집으로 가는 이상한 소녀 때문에 거리마다 사람들이 놀라 자빠지는 모습이 아주 볼만합니다. 만약 글을 읽지 않고 그림만 읽는다면 이렇게 신나는 그림책이 없습니다.

하지만 독자들은 자꾸 소녀의 말에 귀를 기울이게 됩니다.

우리 집은 아주 멀어서 한참을 걸어가야 해.

서둘러. 빨리 집에 가고 싶어.

수수께끼 같은 소녀의 말들이 퍼즐 조각처럼 하나씩 맞추어집니다. 소녀는 집에서 한참 먼 곳에 와 있는 것입니다. 아마도 일을 하러 온 것 같습니다. 일을 마친 소녀는 당연히 피곤해서 잠이 쏟아집니다. 그래서 집으로 가는 길이 너무 힘들고 무섭습니다.

집으로 돌아가는 소녀에게는, 머나먼 길을 함께할 든든한 동반자가 필요합니다. 자신이 잠에 빠져 쓰러지지 않도록 말동무가 필요합니다. 때로는 너무 힘든 자신을 업어 주기도 하고 어떤 위험에서도 자신을 지켜줄 수 있는 사자 같은 친구 말입니다.

서둘러. 빨리 집에 가고 싶어.

하이로 부이트라고와 라파엘 요크텡이 함께 만든 『집으로 가는 길』은 아주 이상하고 가슴 찡한 그림책입니다. 이 책을 보고 나면 누구나 사자처럼 무서운 친구와 함께 서둘러 집으로 가고 싶기 때문입니다.

과연 소녀와 함께 집으로 가는 사자의 정체는 무엇일까요? 더불어 무서운 사자를 데리고 집으로 가는 이상한 소녀의 정체는 또 무엇일까요?

그 이상한 소녀가 말합니다. 서두르라고. 빨리 집에 가고 싶다고…. 우리는 매일 집으로 돌아가기 위해 고단한 삶의 여행을 떠납니다. 그 고단한 여행을 마치고 돌아올 때, 누군가가 함께할 수 있다면 삶은 견딜 만할 것입니다.

생각의 씨앗을 선물하다
『내 마음속에는』

차재혁 글 | 최은영 그림 | 노란상상

재미있는 그림책을 찾아서

저는 한 달에 두 번 그림책 서평을 씁니다. 그런데 이게 참 어렵습니다. 제 눈에 재미있는 그림책을 한 달에 두 권이나 찾는 게 참 어렵기 때문입니다. 물론 세상에는 그림책이 참 많습니다. 매주 새로 나오는 그림책만 해도 어마어마합니다. 하지만 제 눈에, 제 마음에, 제 입맛에 맞는 책은 참 찾기가 어렵습니다. 누군가는 그럴 겁니다. 세상에 좋은 그림책이 얼마나 많은데 그런 소릴 하냐고요. 아마도 그분은 아주 관대한 취향을 지닌 분일 겁니다. 하지만 저는 아주 편협한 취향을 가진 사람입니다.

첫째, 저는 교육적인 그림책을 좋아하지 않습니다. 교육은 선생님이 할 일이지 예술가가 할 일이 아니라고 생각하기 때문입니다.

둘째, 저는 교훈이나 메시지가 분명한 그림책을 좋아하지 않습니다. 교훈이나 메시지는 작가가 독자에게 주는 것이 아니라 독자가 작품을 통해 스스로 발견하고 깨닫는 것이라고 생각하기 때문입니다.

셋째, 저는 재미없는 그림책을 좋아하지 않습니다. 재미가 없는 그림책은 독자에게 고통을 주는 그림책이라고 생각하기 때문입니다. 무엇보다 독자는 재미있는 그림책을 좋아하고 재미있는 그림책만이 독자를 스스로 성장시킨다고 생각하기 때문입니다. 물론 재미의 기준 역시 개인적인 취향입니다만, 이 세 가지 기준을 통과하는 그림책은 그다지 많지 않습니다.

게다가 저는 아주 고집이 세고 솔직한 성격입니다. 평소 아내는 제게 세 가지 죄가 있다고 합니다. 바로 오만과 교만과 독설이라고요. 가끔 제 성격을 모르는 출판사 대표님은 갑자기 점심을 먹자고 연락을 하고 새로 출간한 그림책을 전해 줍니다. 그때 저는 분명히 말씀드립니다. 서평 때문에 찾아오실 필요가 없다고요. 저는 제 눈에 재미있는 그림책만 서평을 쓴다고요. 하지만 그분들은 제 말을 믿지 않습니다. 그리고 제가 정말 그 책의 서평을 쓰지 않으면 그분과의 인연이 끊어지고 맙니다. 하지만 뭐, 괜찮습니다. 저는 기꺼이 인간관계를 버리고 창작의 자유를 지키는 놈입니다.

내 마음속에는

그림책 『내 마음속에는』의 표지를 보고 저는 마음속으로 '음, 재미없겠군!' 하고 생각했습니다. 주인공이 유리창 앞에 서서 눈 내리는 밖을 내다보는 표지가 뭐 그렇게 매력적이지는 않았습니다. 저라면 절대로 선택하지 않았을 표지였습니다. 속표지를 볼 때만 해도 별것이 없었습니다. 어떤 남자가 가방을 메고 눈 내리는 거리를 걷고 있을 뿐이었습니다. 하지만 본문을 펼치는 순간 모든 게 단번에 바뀌었습니다. 마치 표지와 속표지가 속임수인 것만 같았습니다.

답답한 마음에 사무실을 나와 카메라를 들고 걸었다.
아무것도 찍지 못한 채 한 시간쯤 걸었을까?
사무실로 돌아와 현관문을 열자
어두워지기 시작한 남산이 멍하게 나를 바라보고 있었다.

더불어 본문의 첫 그림은 주인공이 문밖으로 보고 있는, 도시의 검은

답답한 마음에 사무실을 나와 카메라를 들고 걸었다.
아무것도 찍지 못한 채 한 시간쯤 걸었을까?

사무실로 돌아와 현관문을 열자
어두워지기 시작한 남산이 멍하게 나를 바라보고 있었다.

밤 풍경입니다. 검은 빌딩은 검은 괴물들 같고, 빌딩의 불빛은 괴물의 눈빛 같습니다. 눈 내리고 어둡고 적막한 도시의 빌딩 뒤로 욕망의 바벨탑 같은, 검은 남산이 보입니다.

이렇게 담담한 말투와 이렇게 적막한 한 장의 그림이 제 눈과 마음을 확 끌어당겼습니다. 그러고는 글씨 한 자 없이 완전히 대조적인 한 장의 그림이 이어집니다. 방금 본 검은 풍경이 창밖으로 보이는 실내 공간입니다. 넓은 거실에 소파와 안락의자와 사랑스러운 강아지가 보입니다. 참 따뜻하고 안락한 모습입니다. 그런데 이 평화로운 공간에서 주인공은 이런 생각을 합니다.

'길을 잃은 걸까?'

예술가는 재미를 전할 뿐 감동과 의미는 독자의 몫이다

어떤 사람은 이 그림책이야말로 메시지가 분명한 책이 아니냐고 저에게 따져 물을 것입니다. 아니요! 전혀 그렇지 않습니다. 이 그림책은 메시지가 분명한 책이 아니라 소재가 분명한 책입니다.

더 중요한 것은 이 작품의 소재에 찬성하는 독자든 반대하는 독자든 상관없이 이 그림책을 끝까지 흥미롭게 보게 된다는 점입니다. 재미있는 그림책은 독자로 하여금 책을 끝까지 보게 만듭니다. 생각의 씨앗을 선물합니다. 그리고 생각과 의미와 감동은 모두 독자의 몫이 됩니다.

잊은 줄 알았던 상처
『몬스터 콜스』

패트릭 네스 글 | 짐 케이 그림 | 홍한별 옮김 | 웅진주니어

*저작권사의 요청에 따라 표지 이미지를 싣지 못합니다.

상처투성이 젊음에게

젊은 날엔 젊음을 모릅니다. 하지만 나이를 먹는다고 해서 젊음을 아는 것은 아닙니다. 나이를 먹은 뒤에도 어리고 젊은 시절을 기억한다면 세대 간의 갈등이 이렇게 심할 수는 없습니다. 사람은 그냥 망각의 축복을 받은 동물입니다.

『몬스터 콜스』가 잊은 줄 알았던 유년의 상처를 떠올려 주었습니다. 청소년기의 상처도 건드려 주었습니다. 다 아문 줄 알았던 상처가 그대로 있었습니다. 지금의 상처도 돌아보게 되었습니다. 『몬스터 콜스』가 저를 엉엉 울게 만들었습니다.

12시 7분, 괴물이 찾아오다

괴물이 입을 열었습니다.

"코너 오말리. 널 데리러 왔다. 코너 오말리."

괴물이 벽을 밀며 말했습니다. 벽에 걸린 사진이 흔들렸습니다. 책과 낡은 코뿔소 인형이 바닥에 굴러떨어졌습니다.

진짜 괴물이었습니다. 실제로, 꿈이 아니라 여기 코너의 방 창문에 괴물이 나타났습니다. 그것도 그냥 나타난 것이 아니라 코너를 데리러 왔습니다. 하지만 코너는 도망치지 않았습니다. 사실 코너는 겁에 질리지도 않았습니다.

"그럼 와서 데려가."

아주 섬뜩하고 이상한 이야기

매일 밤 악몽을 꾸는 소년이 있습니다. 아빠는 엄마와 이혼하고 미국에서 살고 있습니다. 코너는 엄마와 함께 영국에서 살고 있는데, 엄마는 암에 걸려서 항암 치료를 받는 중입니다. 학교에서는 매일 코너를 폭행하는 아이들이 있습니다. 하지만 코너는 폭행을 당할 뿐 아무에게도 도움을 청하지 않습니다.

이런 코너에게 어느 날 괴물이 찾아옵니다. 코너를 데리러 왔다고 합니다. 그런데 코너는 괴물을 무서워하지도 않고 오히려 괴물에게 와서 데려가라고 합니다.

코너는 왜 매일 악몽에 시달릴까요? 그런데 왜 괴물을 무서워하지 않을까요? 코너의 엄마는 다시 건강해질까요? 코너는 왜 자신을 괴롭히는 아이들을 고발하거나 맞서 싸우지 않는 걸까요? 괴물은 왜 코너를 데리러 온 걸까요? 그리고 괴물은 왜 12시 7분에 나타나는 걸까요?『몬스터 콜스』는 정말 섬뜩하고 이상한 이야기입니다

그림책인가, 소설인가?

아마『몬스터 콜스』를 본 많은 분은 이 책을 소설이라고 생각할 것입니다. 심지어 한국어판의 표지에는 그림 작가인 짐 케이의 이름조차 나오지 않습니다. 하지만 그림책을 좋아하는 저는 이 책을 그림책이라고 생각합니다.

제가 삽화책과 그림책을 구분하는 기준은 그림의 창의성에 있습니다. 글의 내용을 반복해서 보여 주거나 부연해서 보여 주는 그림은 삽화입니다. 이런 경우, 삽화는 글의 내용을 반복해서 보여 주기 때문에 삽화를 없애도 내용을 이해하는 데 아무 지장이 없습니다. 반면 그림이 이야기를 주도하고 글과 함께 드라마를 완성하는 그림은 창의적인 그림입니다. 이 경우에는 그림을 빼면 작품이 완성되지 않습니다.

과연 짐 케이의 그림이 없는『몬스터 콜스』를 상상할 수 있을까요? 짐 케이의 그림이 없는『몬스터 콜스』는 김빠진 콜라보다 더 초라해질지 모릅니다. 그만큼 짐 케이의 그림은 표지에서부터 작품 전체의 분위기를 압도하고 있습니다. 짐 케이는『몬스터 콜스』의 이야기를 온전히 소화해서 자신만의 판타지를 만들어 냈습니다. 그 결과 방대한 텍스트조차 자신의 그림 속으로 완전히 빨아들였습니다.

물론 페트릭 네스의 문학이 전하는 감동의 깊이와 전율은 정말 대단합니다. 더불어 짐 케이가 만들어 낸 음산하고 괴기스러운 블랙 판타지는 주인공 코너가 겪었던 공포와 고통을 실감나게 전달하고 있습니다. 탁월한 예술 작품은 사실보다 더 사실적으로 독자의 마음을 사로잡습니다.

제3장 깜짝 선물을
       안겨 주는
                    그림책

놀랍습니다.
아직도 이렇게 놀라운 그림책이 많다니!
정말 놀랍습니다.
당신은 언제나
깜짝 선물입니다.

벌러덩 뒤로 넘어질 이야기
『알』

이기훈 지음 | 비룡소

이것은 계란 이야기?

표지부터 예사롭지가 않습니다. 계란판 위에 단 하나 남겨진 계란이라니! 게다가 누런 계란 위에는 『알』이라는 제목 글자가 다시 동그라미 속에 쓰여 있습니다. 정말 알쏭달쏭한 제목입니다.

책장을 넘기면 새카만 면지 속에 수십 쌍의 눈들이 보입니다. 아무리 칠흑 같은 어둠도 눈빛만은 가둘 수 없습니다. 그러고 보면 눈빛이 햇빛보다 강한 모양입니다. 햇빛은 가려도 눈빛은 가릴 수 없으니 말입니다.

면지를 넘기면 병아리 장수가 좌판을 펼치고 앉아 있습니다. 그 앞에는 병아리를 사 달라고 조르는 여자아이와 손을 놓아 주지 않는 엄마가

서 있습니다. 그림책『알』은 정말 계란 이야기일까요?

냉장고에 있는 계란을 품으면?

집으로 돌아온 소녀는 엄마 몰래 냉장고에 있는 계란을 자기 치마폭에 쓸어 담습니다. 그러고는 방으로 돌아가 이불 속에 계란을 넣고 품기 시작합니다. 이제 기다리는 일만 남았습니다. 그런데 어른인 저는 이 장면에서 쓸데없는 생각을 합니다.

'유정란이어야 할 텐데….'

혹시 이 작품의 주인공처럼 어릴 때 계란을 품어 본 적이 있습니까? 만약 계란을 품어 본 경험이 없다면 이번 기회에 한번 품어 보면 어떨까요? 계란에서 무엇이 나올지 궁금하지 않습니까? 설마 정말 병아리가 나올까요? 여러분이 품은 알이 정말 계란일까요?

알을 품어 본 사람이든 품어 보지 않은 사람이든, 그림책『알』에서 벌어진 일을 보게 되면 너무 놀라서 입을 다물지 못할 것입니다! 저도 입을 쩍 벌리고 다물지 못할 만큼 깜짝 놀랐습니다. 심지어 주인공 소녀는 뒤로 벌러덩 넘어지고 맙니다. 아마도 많은 분이 이 장면에서 의자와 함께 뒤로 넘어질 수 있습니다.

알다가도 모를 알

알은 신비롭습니다. 계란에서 병아리가 태어나는 것도 신기하고, 오리 알에서 오리가 태어나는 것도 신기합니다. 어떻게 생각하면 너무나 당연한 일이지만 다른 한편으로는 여전히 신기합니다. 알 속의 흰자와 노른자가 새로운 생명체가 된다는 사실은 아무리 과학적인 설명을 덧붙이더라도 놀라운 일입니다. 정말 알다가도 모를 알입니다.

중요한 것은, 인공적으로 알을 만들거나 알에서 어떤 생명체를 태어나게 만드는 일을 인간은 할 수 없다는 사실입니다. 생명의 탄생은 여전히 인간에게 신비의 영역입니다. 인간 역시 자연이 만든 피조물일 뿐이니까요. 인간의 능력은 자연의 섭리를 헤아리기조차 어렵습니다. 따라서 자연 현상은 언제나 경이롭습니다.

알 수 없는 매력

주인공 소녀가 알에서 느낀 매력은 바로 알에서 생명체가 태어난다는 것입니다. 단순하게 생긴 알에서 예쁜 생명체가 나오다니 정말 신기한 일입니다. 더불어 어떻게 그런 일이 가능한지를 알 수 없기에 더욱 매력적입니다. 계란에서 병아리가 태어나는 일은 어린이에게는 분명히 마술입니다.

그래서 소녀는 냉장고에서 계란을 가져다가 스스로 품습니다. 계란이 병아리로 변하는 마술을 체험하고 싶기 때문입니다. 그런데 계란에서 전혀 다른 생명체들이 나옵니다. 계란이라고 생각했던 알이 계란이 아니었던 겁니다!

이 뜻밖의 장면에서 제 머리털은 모두 곤두섰습니다. 알에서 나온 것들을 보고 너무 놀라서가 아니라, 정말 알 수 없는 것이 바로 인생이라고 생각했기 때문입니다. 알에서 삶을 보았기 때문입니다.

호기심과 상상력

물론 알에서 삶이 보이는 것 또한 당연한 일입니다. 알은 살아 있으니까요! 그런데 알이 더 신기한 까닭은 알이 보통 생명체와는 전혀 다르게 생겼기 때문입니다. 어떤 알은 자갈 사이에 놓아두면 잘 구별이 되지 않을 것입니다. 알은 생명체라고 하기엔 너무나 단순합니다. 그리고 바로 이 단순한 외모가 강렬한 호기심과 무한한 상상력을 불러일으킵니다.

그런데 호기심에 불타는 사람은 소녀뿐만이 아닙니다. 소녀가 알을 품듯이 과학자들은 우주선을 쏘아 올립니다. 소녀가 알을 품듯이 누군

가는 라디오를 분해할 것입니다. 어떤 요리사는 갈비탕에 카레를 넣어 볼 것입니다. 언제나 호기심은 상상력을 부르고 상상력은 행동을 유발합니다. 소녀가 알을 품듯이 우리는 꿈을 품습니다.

알도 삶도 미지의 세계

내일 무슨 일이 생길지는 아무도 모릅니다. 알에서 어떤 동물이 나올지 모르는 것처럼 말입니다. 어떤 사람은 내일 무슨 일이 생길지 모르는 불안감 때문에 걱정거리를 대비하느라 오늘 하루를 다 보낼 수도 있습니다. 다른 사람은 '내일은 어떤 재미있는 일을 할까?' 하고 행복한 고민에 빠질 수도 있습니다.

알도 삶도 알 수 없는 미지의 세계입니다. 그래서 우리는 알이 부화하기를 기다리고, 내일이 오기를 기다립니다. 삶의 매력을 알의 매력으로 일깨워 준 그림책, 바로 『알』입니다.

환상적이고 섬뜩한 작품
『심야 이동도서관』

오드리 니페네거 지음 | 권예리 옮김 | 이숲

어른들을 위한 그림책

『심야 이동도서관』은 어른들을 위한 그림책입니다. 요즘 많은 독자에게 사랑받고 있는 '그래픽 노블'이지요. 저는 '그래픽 노블'을 그림책의 한 종류라고 생각합니다. 그림책과 만화가 문학과 미술의 만남이 낳은 자식이라면, 그래픽 노블은 독립했던 그림책과 만화가 부모인 문학과 미술을 찾아와 벌이는 가족 잔치인 셈이니까요.

조만간 그림책이 영화나 연극이나 문학처럼 독자적인 예술 장르라는 사실을 누구나 당연히 여기는 날이 오면, 그림책마다 '연소자 열람'이나 '19세 이상 열람' 같은 연령별 권장 라벨이 붙게 될지도 모르겠습니다.

그런 라벨이 붙더라도 그림책을 좀 더 많은 사람이 즐기는 날이 하루빨리 오면 좋겠습니다.

심야 이동도서관

심야 이동도서관을 처음 본 것은 새벽 네 시에 레이븐스우드 가를 걷고 있을 때였다.

주인공 알렉산드라는 새벽 세 시에 남자친구와 말다툼을 하고 거리로 나와 길을 걷다가 심야 이동도서관을 발견합니다.

캠핑카를 개조해서 만든 이동도서관에서는 팝송 '아이 샷 더 셰리프 (I Shot The Sheriff: 밥 말리가 작곡해 1973년 발표한 곡으로 에릭 클랩튼이 1974년 다시 불러 더욱 화제가 되었다. 미국 내 인종 갈등을 폭로한 내용의 노래이다.)'가 흘러나오고 운전석에는 노신사가 신문을 보고 있습니다.

알렉산드라가 관심을 보이자 노신사는 명함을 건넵니다. 명함에는 '심야 이동도서관 사서 로버트 오픈쇼, 개관 시간: 저물녘부터 동틀 녘까지'라고 쓰여 있습니다. 그리고 노신사는 자리에서 일어나 이렇게 말합니다.

"안으로 모시겠습니다."

만약 여러분이 알렉산드라라면 심야 이동도서관에 들어갈까요? 과연 심야 이동도서관은 어떤 도서관일까요? 정말 책을 좋아하고 잠 못 드는 당신을 위한 심야 도서관일까요?

신기하고 이상한 심야 이동도서관

알렉산드라는 이동도서관에 올라 서가를 둘러봅니다. 처음엔 어린이 책들이 서가를 채우고 있습니다. 그런데 그림책 사이에 교과서가 섞여 있고 가정용 성경과 사진첩과 전화번호부처럼 보통 도서관에는 없는 책도 보입니다. 어떤 책에는 책등에 분류 기호와 숫자가 적혀 있고 어떤 책에는 적혀 있지 않습니다. 주제가 일관되지도 않고 분류 체계도 알 수가 없습니다. 마치 사서인 로버트 오픈쇼가 여기저기서 책을 훔쳐다 모

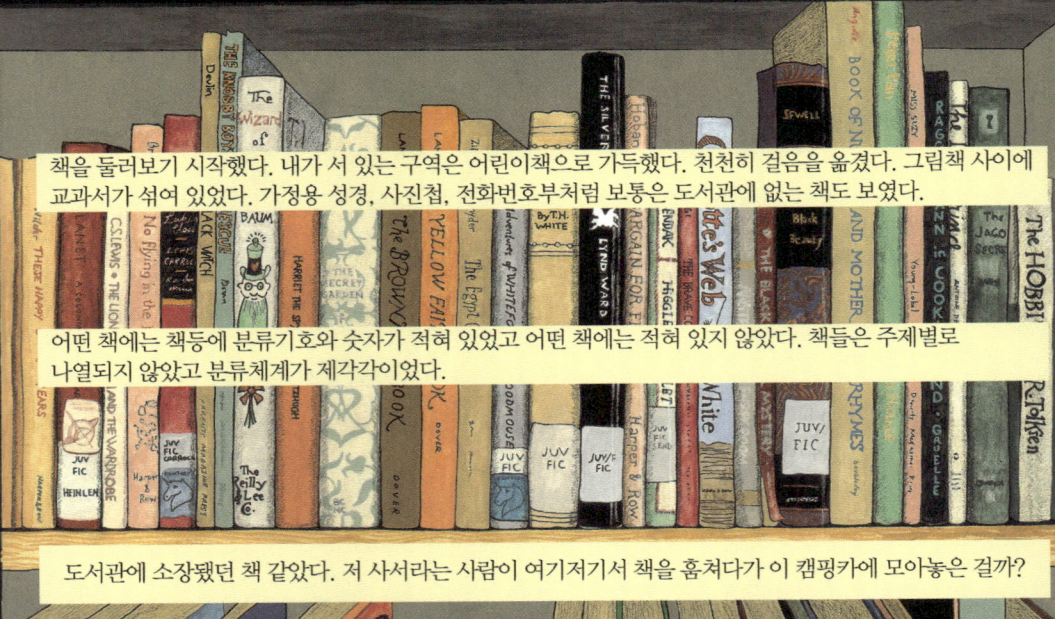

아 놓은 것만 같습니다.

서가를 따라 걷는 동안 알렉산드라는 뭔가 이상한 사실을 발견합니다. 서가에 꽂힌 모든 책이 바로 자신이 이미 과거에 읽은 책이라는 사실입니다. 서가에는 심지어 자신이 읽었다는 사실조차 잊었던 책들까지 꽂혀 있습니다. 그리고 알렉산드라는 그곳에서 자신의 일기장을 발견합니다.

내가 읽은 모든 책을 모아 둔 도서관이 있다면?

"보다시피 도서관은 지금 이 순간 살아 있는 모든 사람이 읽은 모든 인쇄물을 소장합니다. 따라서 우리는 어떤 이용자를 위해서도 늘 준비되어 있죠."

자신이 읽은 모든 인쇄물을 모아 둔 도서관이 있다면 기분이 어떨까요? 어쩌면 누군가는 반드시 그런 도서관을 갖고 싶을 것입니다. 또 다른 누군가는 그런 도서관을 숨기고 싶을지도 모르지요.

하지만 그런 도서관이 존재하든 않든 우리는 스스로 자신의 영혼을 성장시킨 영혼의 양식들을 돌아볼 필요가 있습니다. 오늘 우리가 먹은 음식이 우리의 몸을 만들듯이 우리의 영혼이 먹은 양식들, 즉 책과 음악과 그림과 영화와 연극과 드라마와 만남과 대화와 경험이 지금 우리의 영혼을 만들었기 때문입니다.

나의 첫 책은

제가 기억하는 첫 책은 어떤 전래 동화집입니다. 세계 여러 나라의 동화를 모아 놓은 책이었는데, 그 가운데 '꽃 미치광이 할아버지'에 관한 이야기가 가슴에 남아 있습니다. 정확히 말하자면, 이야기는 모두 기억에서 사라졌지만 '꽃 미치광이 할아버지' 때문에 느꼈던 아픔과 슬픔은 여전히 가슴에 남아 있습니다.

책을 좋아한 형 덕분에 어릴 때부터 이런저런 책들을 보며 자랐지만 머리로 읽은 책은 모두 어디론가 사라져 버렸습니다. 반면에 가슴으로 읽고 마음에 남은 책은 제 인생을 바꿨습니다.『사자왕 형제의 모험』, 『프레드릭』,『내 영혼이 따뜻했던 날들』같은 책들입니다. 그리고 이제 『심야 이동도서관』도 제 마음에 자리를 잡을 것 같습니다.

환상적이고도 섬뜩한

『심야 이동도서관』은 인간의 영혼에 관한 아주 놀랍고도 환상적인 작품입니다. 누군가는 이 책을 보고 아주 섬뜩한 느낌을 갖게 될지도 모릅니다. 하지만 우리가 주목해야 할 것은 육체의 탄생과 죽음이 아니라 영혼의 삶일 것입니다.

'더럽게' 매력적인 그림책
『머릿니』

엘리즈 그라벨 지음 | 권지현 옮김 | 정종철 감수 | 씨드북

매우 징그럽고 더럽고 매력적인 지식 그림책

아주 오랜만에 매력적인 지식 그림책을 소개합니다. 사실 저는 지식 그림책을 그다지 좋아하지 않습니다. 아무래도 지식을 전달하려는 목적을 지닌 그림책은 교훈을 전달할 목적을 지닌 그림책만큼이나 따분한 경우가 많기 때문입니다. 그런데 가끔 '미친' 전달력을 지닌 그림책을 만나게 됩니다. 오늘 소개하는 『머릿니』는 정말 '더럽게' 매력적인 그림책입니다.

생각해 보십시오. 과연 이 세상에 머릿니를 좋아하는 사람이 있을까요? 천만의 말씀입니다. 사실 저는 머릿니를 생각하고 싶지도 않습니다.

더 정확히 말하자면 '머릿니'라는 단어를 떠올리기만 해도 온몸이 근질근질합니다. '머릿니'라는 단어조차 싫습니다. 그런데 왜 작가 엘리즈 그라벨은 이런 그림책을 만들었을까요?

오늘의 주인공은 바로 머릿니

놀랍게도 작가인 엘리즈 그라벨은 어릴 때부터 머릿니처럼 작은 동물들을 좋아했다고 합니다. 그리고 마침내 머릿니에 관한 책을 쓰는 작가가 된 것이죠!

책을 펼치면 왼쪽 페이지에서 작가 엘리즈 그라벨이 바로 오늘의 주인공이자 인간의 친구인 머릿니를 소개합니다. 오른쪽 페이지에서는 아주 커다랗게 확대되고 빨간 얼굴을 지닌 머릿니가 "안녕?" 하고 독자 여러분에게 인사를 합니다. 마치 성우인 작가와 개그맨인 머릿니가 무대 위에서 스탠딩 개그를 하는 것 같습니다.

그리고 아주 사소한 정보로 이야기를 시작합니다.

머릿니는 몸집이 아주 작아요. 다리가 6개여서 곤충이라고 하지요.

이렇게 작가가 정보를 주는 순간, 머릿니가 "내가 설마 과일로 보이진 않겠지?"라고 말대꾸를 합니다.
또 작가가 '머릿니의 몸길이는 2밀리미터예요. 깨알보다 작지요.'라고 하면, 머릿니가 "작다고 우습게 보지 마. 너희들 엄마 아빠가 사자보다 무서워하는 게 바로 나라고!" 하며 받아치지요. 이 장면의 그림은? 여러분의 상상에 맡겨 봅니다.

머릿니에 관한 놀라운 지식들

아마도 대부분의 독자는 머릿니에 대해 잘 모를 것입니다. 보통 사람들은 머릿니를 상상조차 하기 싫을 테니까요! 유레카! 그렇습니다. 우리는 머릿니를 싫어하니까 머릿니를 잘 모르는 것입니다.

그런데 엘리즈 그라벨은 이렇게 작고 징그러운 동물들을 좋아했습니다. 좋아하니까 관찰하고 좋아하니까 정보를 수집한 것입니다. 그래서 작가는 머릿니에 관한 놀라운 지식을 전해 줍니다. 예컨대 머릿니는 몸이 반투명해서 내장까지 다 보인다고 합니다. 또한 다리가 너무 짧아서 뛰어다니지도 못한다고 합니다.

물론 여전히 대부분의 독자는 머릿니에 관한 이런 지식을 별로 알고 싶지 않습니다. 중요한 것은, 지식의 대상을 좋아하는 사람이 그 대상에 관한 지식을 모은다는 사실입니다. 그런데 더욱 더 놀라운 사실은, 별로

알고 싶지 않은 머릿니에 관한 지식을 모아 놓은 이 그림책을 우리가 계속 읽게 된다는 것입니다.

머릿니에 관한 가장 충격적인 사실

더불어 이 책은 우리가 알고 싶지 않던, 머릿니에 관한 충격적인 사실을 알려 줍니다. 우선 머릿니는 인간의 머리에서 인간의 피만 먹고삽니다. 다른 동물에게는 머릿니가 없다는 것이지요. 세상에! 그나마 다행인 것은 머릿니는 우리가 잘 안 씻어서 생기는 것이 아니라 머릿니를 지닌 사람에게서 옮아온다는 사실입니다.

이 책을 보고 알게 된 가장 충격적인 사실은 머릿니가 아주, 아주, 아주, 아주 쓸모없는 동물이라는 것입니다. 사실 저는 지금도 믿을 수가 없습니다. 너무 충격을 받은 나머지 이것은 사실이 아니라 그저 작가의 주장이라고 생각합니다. 과연 이 세상에 아무런 쓸모도 없는 존재가 있을까요? 그게 가능한 일일까요?

머릿니의 추억

저도 어릴 때 학교에서 머릿니를 옮아온 일이 있습니다. 할머니는 제 머리에서 머릿니를 보더니 당신의 참빗으로 빡빡 빗어서 머릿니를 다 잡아내고, 뜨거운 물로 제 머리를 감겨 주었습니다. 할머니 덕분에 저는 아주 손쉽게 머릿니의 공포에서 벗어날 수 있었습니다.

그러고 보니 머릿니는 제게 아주 쓸모 있는 동물이었습니다. 할머니와 저 사이에 절대 잊지 못할 추억 하나를 만들어 주었으니까요. 할머니의 참빗으로 제 머리를 빗은 것은 그날이 처음이자 마지막이었을 겁니다. 그날 이후 저는 할머니가 참빗으로 당신의 머리를 빗어서 말아 올리고 비녀로 쪽을 짓는 모습을 유심히 지켜보았습니다. 그 모습이 참 아름다웠습니다.

지식보다 질문을 더 많이 주는 지식 그림책

머릿니가 인간의 머리에서 인간의 피만 하루에 다섯 번씩 먹고사는 존재라는데, 의학과 과학이 이렇게 발달한 21세기에도 왜 머릿니는 사라지지 않을까요? 또한 자연은 왜 인류에게 이런 흡혈 벌레를 만들어 주었을까요? 이 책은 독자들에게 지식보다 질문을 더 많이 선물합니다.

무엇보다 싫으면 알고 싶지 않고, 좋아하면 더 알고 싶어진다는 사실을 새삼 확인합니다. 미워하는 사람은 미워하기 때문에 더욱 알 수 없게 되고, 사랑하는 사람은 사랑하기 때문에 더 많이 알게 되는 법이지요. 저는 오늘도 사랑에 희망을 겁니다.

당신은 지금 여기서 무엇을 하고 있나요?
『악어 씨의 직업』

조반나 조볼리 기획
마리아키아라 디 조르지오 그림 | 한솔수북

신기한 표지

한밤에 악어가 물 위를 헤엄치고 있습니다. 몸의 반은 수면 위에 있고 나머지 반은 수면 아래 있습니다. 신기한 것은 수면을 기준으로 수면 위의 세계는 밤이고 깜깜한데, 수면 아래의 세계는 오히려 낮처럼 환합니다. 물속이 환하니까 온갖 색깔의 수초와 물고기가 모두 보입니다. 세상에! 정말 한밤의 물속은 낮처럼 환해지고 새로운 세계가 펼쳐지는 걸까요?

이어진 앞 면지에는 다시 수면 위 밤의 세계가 펼쳐집니다. 야자나무와 수풀이 보이고 원숭이가 보입니다. 밤하늘에는 별이 한가득 빛나고 있습니다. 그런데 악어 씨가 보이지 않습니다. 악어 씨는 어디 갔을까요? 아! 악어 씨는 통나무 베개를 베고 물 위에 누워 있네요.

일장춘몽

안타깝게도 본문이 시작되는 순간, 표지에서 면지까지 이어지던 아름다운 환상은 확 깨지고 맙니다. 통나무 베개를 베고 누워 물 위를 헤엄치던 악어 씨의 모습은 모두 꿈이었습니다. 악어 씨는 보통 침대에서 보통 베개를 베고 누워 있습니다. 눈가리개까지 하고 말이지요. 악어 씨는 자연에 사는 동물이 아니라 도시에 사는 노동자입니다.

그때 알람시계가 요란하게 울려 댑니다. 아침 일곱 시, 악어 씨는 피로가 풀리지 않은 듯 자리에서 일어나면서도 눈을 뜨지 못합니다. 커튼을 젖히고 창문을 엽니다. 그렇게 도시의 아침이 시작됩니다. 악어 씨는 화장실로 가서 용변을 보고 창밖을 내다보며 양치질을 합니다.

양복을 입고 거울 앞에 선 악어 씨는 몇 가지 넥타이를 목에 대 봅니다. 오늘은 고동색 넥타이를 고릅니다. 라디오에서 흘러나오는 노래를 들으며 토스트에 잼을 발라 아침 식사를 합니다. 이제 식사를 마친 악어 씨는 코트를 입고 목도리를 두르고 중절모를 쓴 채 집을 나섭니다.

볼수록 신기한, 글 없는 그림책

악어 씨는 정도 많고 호기심도 많습니다. 엘리베이터에서 만난 아주머니에게 인사를 하고 거리에서는 이곳저곳을 바라봅니다. 특히 치아 전문 잡화점이 악어 씨의 눈길을 끌어당깁니다. 간판도 글이 없고 입술과 이빨만 그려져 있습니다. 잡화점 쇼윈도에는 틀니와 칫솔, 치약 등 온통 치아에 관련된 상품이 보입니다.

　악어 씨가 넋을 놓고 치아 관련 상품을 구경하는 사이 자동차 한 대가 물웅덩이를 급하게 밟고 지나갑니다. 그 바람에 악어 씨는 물벼락을 맞습니다. 운전자 아줌마는 뭐가 그렇게 바쁜지 미안하다는 말도 없이 가 버립니다. 게다가 조수석에 앉은 꼬마 녀석은 오히려 혀를 내밀고 메롱 하며 놀려 댑니다.

　악어 씨는 혼자 화를 내지만 아무 소용이 없습니다. 악어 씨는 매점에서 신문을 사서 지하철역으로 향합니다. 그런데 어느 광고판 앞을 지날 때 악어 씨의 표정이 일그러집니다. 광대와 동물들이 나오는 서커스 광고입니다. 악어 씨는 신문을 보며 지하철을 기다립니다. 이윽고 지하철이 옵니다. 이제 악어 씨는 어디로 가는 걸까요? 도대체 악어 씨의 직업은 무엇일까요?

우리는 지금 여기서 무엇을 하고 있나요?

여러분은 혹시 시골에 내려가 평화롭게 사는 꿈을 꾼 적이 있나요? 맑은 강과 바다에서 수영도 하고, 물고기도 잡고, 해초도 따 먹는 상상을 해 보셨나요? 푸른 동산에 올라 나무 향기를 맡고, 달콤한 향기가 나는 곳으로 달려가 과일도 먹고, 시원한 바람이 부는 나무 그늘 아래서 낮잠을 자면 얼마나 좋을까요?

그런데 우리는 왜 자연 속에서 살지 않고 이 복잡한 도시에서 괴로워하며 죽기 살기로 살고 있을까요? 사람이 진정 살아야 할 곳은 이 삭막한 도시가 아니라 저 푸른 자연이 아닐까요? 어쩌다 우리는 이곳에서 살게 되었을까요? 우리는 지금 여기서 무엇을 하는 걸까요? 지금 우리가 하는 일은 정말 우리를 행복하게 만드는 일일까요?

우리는 악어 씨와 함께 살고 있습니다!

    우화나 판타지 속에서는 동물이 말을 합니다. 심지어 식물도 말을 하지요. 어른들은 그걸 지어낸 거짓말이라고 합니다. 그런 일은 상상 속에서나 가능하다고 말하지요. 하지만 저는 그런 상상이 진짜라고 생각합니다. 동물이나 식물은 사람의 언어로 말하지 않을 뿐, 사람처럼 자신의 감정을 느끼고 표현하는 영혼의 존재라고 생각합니다. 여기『악어 씨의 직업』에 나오는 주인공 악어 씨처럼 말입니다.

    여러분이 악어 씨의 직업을 알게 되는 순간, 여러분은 너무 충격을 받아서 손에서 책을 놓치게 될지도 모릅니다. 사람이 자연에게 무슨 짓을 하고 있는지 알게 된다면, 사람으로 태어난 것이 부끄러워질지도 모릅니다.

더불어 사람은 자연뿐만 아니라 스스로를 불행하게 만들고 있다는 사실을 깨닫게 되면, 세상이 너무나 비정하고 참혹하게 느껴질지도 모릅니다.

사람다운 삶, 행복한 삶을 선택합시다!

악어 씨는 우리 사람들처럼 자연으로 돌아가는 꿈을 꾸며 도시 노동자로 살고 있습니다. 피로도 풀리지 않았는데 아침 일찍 일어나야 합니다. 악어 씨는 밀이나 딸기 같은 진짜 음식이 아닌, 공장에서 만든 식빵과 딸기잼처럼 음식같이 생긴 상품으로 아침 식사를 대신합니다. 그리고 수많은 노동자와 함께 만원 지하철에 몸을 싣습니다.

저는 악어 씨에게 자신의 행복을 찾아 직장을 그만두고 자연으로 돌아가라고 말하고 싶습니다. 불행한 직장을 버리고 행복한 직장을 선택하라고, 불행한 학교를 버리고 행복한 학교를 선택하라고, 지금 당장 불행한 삶을 버리고 행복한 삶을 선택하라고, 자본과 권력으로부터 자유로워지라고.

새로운 세계관
『새내기 유령』

로버트 헌터 지음 | 맹슬기 옮김 | 에디시옹장물랭

그야말로 유령회사 신입사원

새내기 유령이 있습니다. 신입 유령이라고도 하지요. 새내기 유령인 '나'는 오늘이 유령의 임무를 맡은 첫날입니다. 그런데 유령들은 참 이상합니다. '내'가 해야 할 일이 무엇인지를 알려 주지 않으니 말입니다. 그냥 다른 유령들이 하는 걸 보고 따라 배우라고만 합니다.

그래서 '나'는 동료들을 따라 날아갑니다. 동료 유령들은 우아하게 날면서도 동시에 아주 재빨리 날아다닙니다. 하지만 '나'는 그냥 날아다니는 것조차 쉽지 않습니다. 동료들은 '나'를 훈련시키려는 듯 굳이 나무를 한 바퀴 돌아 밑으로 지나가는 묘기를 부립니다.

'나'는 동료들을 따라잡으려고 나무 밑이 아니라 나무 기둥 사이로 지나갑니다. 하지만 아직 비행 기술이 서툰 '나'는 갈라진 줄기 사이에 몸이 끼이고 맙니다. 그 사이 동료들은 둥근 지붕 건물 너머로 사라집니다.

그런데 갑자기 그 둥근 지붕이 요란한 소리를 내며 열립니다. 그리고 지붕 사이로 거울 같은 것이 '나'를 향합니다. 이윽고 어렴풋이 누군가 움직이는 게 보입니다. 그는 건물에서 나와 랜턴을 들고 '나'에게 다가옵니다. 과연 그는 누구일까요? 나뭇가지에 끼어 외톨이가 된 새내기 유령 '나'는 이제 어떻게 될까요?

아주 오래된 이야기를 아주 새롭게 만들다

로버트 헌터의 『새내기 유령』은 니콜라우스 하이델바흐의 『난 커서 바다표범이 될 거야』를 떠올리게 합니다. 니콜라우스 하이델바흐는 우리로 치자면 '선녀와 나무꾼'과 흡사한 '바다표범 셀키' 이야기를 각색해서 세련되고 환상적이며 슬프고도 아름다운 그림책 『난 커서 바다표범이 될 거야』를 만들었습니다.

로버트 헌터는 우리로 치자면 '귀신' 이야기와 흡사한 '유령' 이야기를 유머와 재치와 감동으로 버무려 낸 그림책 『새내기 유령』을 만들었습니다. 로버트 헌터는 자신이 보고 듣고 자란 수많은 유령 이야기를 각색해서 아주 세련되고 현대적인 유령 이야기를 완성한 것입니다.

사람이 죽으면 유령이 되고, 유령이 되면 유령회사의 신입사원이 돼서 임무를 맡는다고요? 이처럼 유쾌하고 엉뚱한 상상을 누가 또 할 수 있을까요? 로버트 헌터의 상상에는 옛날이야기 속 유령의 어둡고 무시무시한 이미지는 없습니다. 유령이 되어서도 취업하고 일을 해야 하는

동료들처럼 빠르고 우아하게 날기란 아직 내게 무리예요.

한참을 뒤져져 따라가는데 나무 밑을 지나가는 어려운 코스까지 나왔어요.

동료들을 따라잡으려면 나무를 돌면서 내려갈 게 아니라 기둥 사이를 곧장 가로질러야 할 거 같아요.

하지만 내 실력으로는 어림도 없었어요. 밑둥에 걸리고 말았지 뭐예요.

그 사이 동료들은 둥근 지붕 건물 너머로 점차 사라졌습니다.

로버트 헌터의 유령은 그야말로 인간적이고 유머러스하며 현대적이고 친숙합니다.

문화 속의 귀신 혹은 유령

우리 전통문화에서 귀신은 대부분 단역이었습니다. 아마도 사람 사는 이야기에 귀신이 주인공이 되기는 어려웠을지도 모릅니다. 무엇보다 우리 전통문화에서는 죽음을 두려워하고 금기시하는 경향이 강했습니다. 우리는 묘지를 인가에서 멀리 떨어진 곳에 만들었고 귀신과 유령을 두려워했습니다.

인간이 현대 의학을 통해 장수를 꿈꾸고 수명을 연장하기 위해 애쓰는 것 역시 죽음에 대한 공포심 때문입니다. '생로병사가 자연의 섭리다.' '죽어야 다시 살아난다.' '이것이 우주의 진리다.' 이렇게 머리로는 백번 이해해도 마음으로는 한 번 받아들이기가 쉽지 않습니다.

하지만 현대에 와서 문화적으로는 귀신과 사람 또는 죽은 사람과 산 사람의 경계가 허물어지고 있습니다. 인간이 영혼의 존재라는 것을 문화적으로 수용하는 현상이 벌어지고 있는 것입니다. 그런데 제가 이렇게 '문화적으로는'이라는 단서를 붙이는 데는 문화적인 이유가 있습니다.

지금 우리 시대의 만화와 영화와 드라마와 소설을 떠올려 보십시오. 이미 오래전부터 뱀파이어와 마법사와 신과 좀비와 슈퍼히어로와 돌연변이와 로봇이 주인공 자리를 차지하고 있습니다. 따라서 '문화적으로는' 인간보다 더 인간적인 초자연적 존재들이 자연스럽게 우리의 무의식 속에 주인공으로, 친구로, 가족으로 자리를 잡게 된 것입니다.

로버트 헌터의 『새내기 유령』 역시 이런 문화적인 흐름을 따라 자연스럽게 완성된 수작입니다. 더불어 우리나라 드라마에서도 귀신을 주인공으로 한 작품이 나왔습니다. 바로 드라마〈도깨비〉입니다. 이제 머지않아 우리 작가가 만든 멋진 유령 그림책이 나오기를 기대합니다.

삶과 죽음, 인간과 유령에 관한 새로운 세계관

그림책 『새내기 유령』을 보고 나면 유령과 죽음에 대한 공포가 사라질 수도 있습니다. 작가인 로버트 헌터가 삶과 죽음, 그리고 유령과 인간의 관계를 전혀 새롭게 상상하여 아름답게 그려 냈기 때문입니다. 만약 유령과 사람이 친구가 될 수 있다면? 죽은 뒤에 더 멋진 존재로 태어나서 더 멋진 삶을 살 수 있다면? 그렇다면 누가 유령을 두려워할까요? 누가 죽음을 두려워할까요?

물론 로버트 헌터가 상상한 사후 세계는 사실이 아닐 수도 있습니다. 하지만 저는 로버트 헌터가 상상한 세계가 사실이면 좋겠습니다. 그의 상상을 따라 기꺼이 유령이 되거나 더 멋진 존재가 되고 싶습니다. 아름다운 자연의 일부가 되고 싶습니다.

더불어 저는 로버트 헌터가 상상한 세계가 이루어지도록 간절히 기도하고 꿈꾸겠습니다. 왜냐고요? 아름다운 세상은 아름다운 꿈을 꾸는 사람들이 함께 만들어 가는 것이니까요. 비록 그것이 지금 이 세상이 아니라 죽음 이후의 저세상일지라도!

정말 기발하지 않습니까?
『프랑켄크레용』

마이클 홀 글·그림 | 김하늬 옮김 | 봄봄

이 그림책의 제작이 취소되었습니다!

빨강 라벨을 입고 태어난 파랑 크레용의 비애를 다룬 그림책 『빨강 크레용의 이야기』의 작가 마이클 홀이 이번에는 메리 셸리의 소설 『프랑켄슈타인』을 그림책으로 제작하는 크레용 배우들의 이야기인 『프랑켄크레용』으로 돌아왔습니다.

표지에서는 프랑켄슈타인으로 변장한 초록 크레용과 주황 크레용이 무시무시한 괴물을 연기하고 있습니다. 하지만 표지를 넘기면 정말 칙칙한 색깔의 면지가 나옵니다. 그리고 면지를 넘기면 저자 소개 밑에 붉은 도장이 찍혀 있습니다. 도장에는 '제작 취소 – 이 그림책의 제작이 취소되었습니다.'라고 쓰여 있습니다.

'제작 취소' 도장 아래에는 프랑켄슈타인 분장을 한 초록 크레용, 주황 크레용, 보라 크레용과 노란 연필이 대화를 주고받고 있습니다.

"잠깐, 어떻게 취소된 그림책에 실릴 수 있는 거지?"
"좋은 질문이군."

과연 이들에게 무슨 일이 생긴 걸까요?

처음에는 모든 일이 계획대로 진행되었습니다!

내레이션을 맡은 노란 연필이 이야기합니다. 처음에는 모든 일이 계획대로 진행되었습니다. 크레용 배우들은 의상을 갈아입고 있었지요. 청록 크레용은 멋진 모자와 코트를 입고 지팡이도 들었습니다. 연두 크레용은 예쁜 원피스를 입고, 뒷머리를 묶어 올린 다음 끈 달린 모자를 쓰고, 연두색 양산도 들었습니다. 회색 크레용, 노랑 크레용, 호박색 크레용, 군청색 크레용 등 모든 크레용 배우들은 흥분과 긴장을 감추지 못했습니다.

특히 프랑켄슈타인 역할을 맡은 초록 크레용, 주황 크레용, 보라 크레용의 분장은 정말 완벽했습니다. 연출가이자 진행을 맡은 저(노란 연필)는 프랑켄크레용에게 32페이지로 가라고 했습니다. 원래 프랑켄크레용은 32페이지에서 무시무시하게 등장하기로 했거든요.

이제 이야기가 시작되었습니다. 겁에 질린 마을 사람들이 마을에 숨어 있는 끔찍한 괴물에 대해 이야기했습니다.

"우리 마을에 끔찍한 괴물이 숨어 있어요!"
"이럴 수가!"
"너무 무서워요!"

그때 갑자기 불이 꺼졌습니다. 그리고 '빠드득 빠드득 빠드드드득!' 무시무시한 소리가 났습니다. 그러자 호박색 여배우가 비명을 질렀습니다! 그림책은 순식간에 아수라장이 되었습니다. 불을 켜 보니 누군가 두 페이지에 걸쳐 핏빛 낙서를 해 놓았습니다. 크레용 배우들은 모두 공포에 질렸습니다. 도대체 누가 그림책에 낙서를 한 걸까요? 그리고 왜 그림책 『프랑켄크레용』의 제작이 취소되었을까요? 그런데 우리는 어떻게 취소된 그림책을 보고 있는 걸까요?

그림책이 취소된 이야기

이 책은 크레용 배우들이 메리 셸리의 『프랑켄슈타인』을 그림책으로 만들려다가 실패한 이야기를 가지고 만든 그림책 『프랑켄크레용』입니다. 정말 기발하지 않습니까? 크레용 배우들로 그림책을 만든다는 생각만 해도 기발합니다. 게다가 공포 소설인 『프랑켄슈타인』을 그림책으로 만든다는 생각도 기발합니다. 그런데 정작 만든 그림책은 『프랑켄크레용』을 만들려다가 실패한 이야기라니요! 작가 마이클 홀은 정말 재간둥이입니다.

물론 이 그림책이 실패해야 하는 이유는 또 있습니다. 마이클 홀에게 19금 그림책을 만들려는 의도가 없는 한, 『프랑켄슈타인』 원작은 연소자 관람가 그림책에 어울리는 이야기가 아닙니다. 그런데 『프랑켄슈타인』을 원작으로 그림책을 만들려다 실패한 그림책을 만들면서 작가 마이클 홀은 『프랑켄슈타인』이 지닌 공포물로서의 매력과 누구나 즐길 수 있는 코미디 그림책이라는 두 마리 토끼를 모두 잡았습니다.

우리에게 필요한 작가

부디 마이클 홀처럼 자유롭고 재기발랄한 작가가 우리나라에서도 많이 나오면 좋겠습니다. 물론 지금처럼 우리 아이들의 창의력을 저해하는 입시 위주의 교육 제도에서는 쉽지 않은 일입니다. 지금 우리가 지닌 교육 제도는 한 사람 한 사람의 꿈을 이루어 주는 교육 제도가 아니라 소수의 지배층을 위해 봉사할 바보들을 양성하는 구시대의 교육 제도입니다. 무엇보다 정작 이 제도를 만든 사람들은 자신의 자녀들을 한국에서 교육시키지 않는답니다.

물론 변화는 어렵습니다. 익숙한 것들로부터 자유로워지는 건 상상하기도 어렵습니다. 하지만 우리 모두가 진정 행복한 삶을 살기 위해서는 분명 바꿔야 할 것이 있습니다. 여기 마이클 홀처럼 자유롭고 창의적인 작가들이 『프랑켄크레용』처럼 기발하고 재미있는 작품으로 사람들을 일깨워 줍니다.

세상엔 정답이 없다고, 인생은 경쟁이 아니라 모두가 꿈을 이루는 축제라고, 자유롭게 하고 싶은 일을 하고 살아야 행복하다고, 바보처럼 돈과 권력과 미디어와 제도에 속지 말라고, 세상이 당신을 행복하게 만드는 것이 아니라 당신이 행복한 세상을 만드는 것이라고.

등골이 서늘해지는 디지털 시대
『안녕, 블립』

스티브 안토니 지음 | 편집부 옮김 | 우리동네책공장

컴퓨터와 연결하다!

그림책 『안녕, 블립』의 표지는 아주 새까맣습니다. 새까만 표지에 은빛 꼬마 로봇 블립이 나옵니다. 블립의 손에는 플러그가 들려 있습니다. 도대체 뭘 하려는 걸까요?

표지를 넘겨 보니 왼쪽 페이지 위에 컴퓨터가 나옵니다. 모니터에는 로딩 중이라고 쓰여 있습니다. 아마 부팅 중인 모양입니다. 그리고 컴퓨터와 연결된, 길고 구불구불한 전선이 있습니다. 전선은 구불구불 이어져서 오른쪽 페이지에 있는 누군가와 연결되어 있습니다. 바로 플러그를 손에 들고 있던 꼬마 로봇 블립입니다.

블립은 컴퓨터에 연결되어 매일 즐거운 시간을 보내고 있어요.

 안녕, 블립! 컴퓨터가 꼬마 로봇 블립에게 인사를 합니다. 이제 즐거운 시간이 시작됩니다. 컴퓨터는 블립에게 산수를 가르쳐 줍니다. 컴퓨터는 재미있는 게임도 제공합니다. 컴퓨터는 블립에게 음악을 들려주고, 블립은 음악에 맞춰 춤을 춥니다. 게다가 컴퓨터 속에서는 가고 싶은 곳이 있다면 어디든 갈 수 있습니다. 그래서 꼬마 로봇 블립은 날마다 컴퓨터가 보여 주는 세상 속에서 행복하게 살았습니다.

어느 날 갑자기

 그러던 어느 날이었습니다. 꼬마 로봇 블립의 행복이 끝나 버렸습니다. 갑자기 정전이 되었기 때문입니다. 온 세상이 캄캄해졌습니다. 너무 캄캄해서 아무것도 보이지 않았습니다. 이리저리 헤매던 블립은 전선에 걸려 넘어졌습니다. 그 순간 전선이 다리에 걸려 당겨지면서 블립과 컴퓨터를 연결한 플러그가 빠지고 말았습니다.

그게 끝이 아니었습니다. 하필이면 블립이 넘어진 곳이 계단입니다. 블립은 계단을 따라 떼굴떼굴 굴러떨어졌습니다. 얼마나 세게 굴러떨어졌는지 블립은 현관문에 부딪혀서 문을 열고 밖으로 나와 버렸습니다. 다행히 블립은 아주 튼튼하게 만들어진 로봇이라 아무 데도 다치지는 않았습니다.

평생 컴퓨터가 보여 주는 세상 속에서 살던 블립이 이제 처음 컴퓨터 밖으로 나왔습니다. 이제 블립 앞에는 어떤 세상이 펼쳐질까요? 꼬마 로봇 블립은 컴퓨터와 함께 살던 시절처럼 행복하게 살 수 있을까요?

아주 섬뜩한 이야기

사실 『안녕, 블립』을 처음 보는 순간, 저는 등골이 서늘해지는 것을 느꼈습니다. 꼬마 로봇 블립의 모습이 요즘 우리 아이들처럼 보였기 때문입니다. 아이들뿐만이 아닙니다. 꼬마 로봇 블립은 오늘날 디지털 시

대를 살아가는 모든 사람들처럼 보였습니다.

여러분은 아침에 눈을 뜨면 가장 먼저 무엇을 하시나요? 저는 스마트폰을 봅니다. 스마트폰 알람 소리에 잠에서 깨어 알람을 끕니다. 시간을 확인하고 날씨를 봅니다. 그리고 페이스북에서 새로운 알람을 찾아봅니다.

이제 사람들은 스마트폰 안에서 세상과 소통합니다. 스마트폰에서 정보를 얻고, 스마트폰으로 게임을 하고, 스마트폰으로 유튜브를 보고, 스마트폰으로 쇼핑도 합니다.

앞으로 사람들은 집 밖에 나갈 필요가 없을 것입니다. 친구가 보고 싶으면 화상 통화를 하면 됩니다. 친구와 함께 놀고 싶으면 온라인 게임을 하면 됩니다. 보고 싶은 영화나 공연도 언제든지 스마트폰으로 혼자 볼 수 있습니다. 백화점에도 재래시장에도 갈 필요가 없습니다. 이미 스마트폰 안에 다 있기 때문입니다. 어쩌면 요즘 사람들과 진짜 세상을 연결해주는 건 택배 노동자들뿐입니다.

누구를 위한 기술이고 과학인가?

그런데 택배 노동자들에게도 미래는 불투명합니다. 곧 자율주행과 드론의 시대가 열리기 때문입니다. 아마도 택시 노동자, 화물 노동자를 비롯한 유통업계에 종사하는 모든 사람이 일자리를 잃게 될 것입니다.

한편에서는 아이티(I.T.) 업계 기술자들이 근로기준법과는 상관없이 밤을 새우며 수많은 기업을 디지털 기술로 자동화시키고 있습니다. 그 결과 거의 모든 분야에서 해고와 퇴직이 일반화되었습니다. 자동화는 곧 해고를 뜻하기 때문입니다. 우리가 믿었던 국가와 기업이 우리를 버리고 있습니다.

기업과 기술의 목적은 이윤이 아니라 인간의 행복이다!

안타깝게도 디지털 시대와 자동화의 가속화는 인간을 위한 것이 아닙니다. 국가와 기업을 지배하는 소수의 이윤을 위한 것입니다. 진정 국가와 기업이 사람의 행복을 위해 존재한다면 계약직 노동자를 만들지 않습니다. 명예퇴직을 강요하지도 않을 것입니다.

디지털 시대와 자동화의 진짜 의미는 사람이 할 일을 컴퓨터와 기계가 대신한다는 뜻입니다. 정말 무서운 현실입니다. 단순히 일자리를 잃는 문제가 아닙니다. 나를 대신해서 컴퓨터와 기계가 진짜 삶을 산다는 뜻입니다. 내가 할 사랑을 기계가 대신하고 내가 받은 사랑을 기계가 대신 받는다는 뜻입니다. 자칫 잘못하면 영화 〈매트릭스〉에서 주인공 네오가 목 뒤에 플러그를 끼우고 허상 속에 사는 모습이 우리의 미래가 될 수 있습니다.

기술의 진보가 우리를 노예로 만들지 않으려면 교과서부터 고쳐 써야 합니다. 기업과 기술의 목적은 이윤이 아니라 인간의 행복입니다.

사진 속의 사진 속의 사진
『시간 상자』

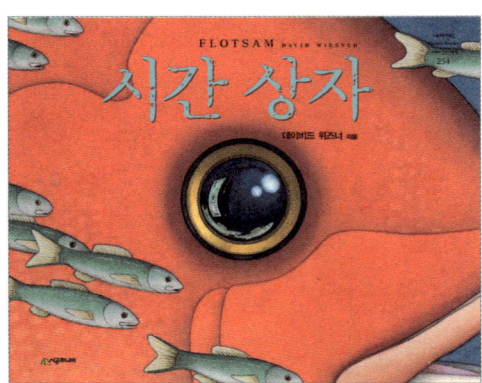

데이비드 위즈너 지음 | 시공주니어

시간 상자

『시간 상자』의 원제는 『FLOTSAM』입니다. 'flotsam'을 사전에서 찾아보면 해변에 밀려온 표류물이라고 나옵니다. 그래서 속표지에는 바닷가에서 주워 온 조개껍데기, 소라껍데기, 불가사리 등 다양한 물건이 배열되어 있습니다.

그런데 우리말 제목이 '시간 상자'입니다. 저라면 어떻게 번역했을지도 생각해 봅니다. 하지만 출판사에서 이렇게 번역한 이유는 그림을 천천히 읽는 동안 자연스레 밝혀집니다. 데이비드 위즈너의 『시간 상자』는 글 없는 그림책입니다.

아주 커다란 눈

첫 장면에 작은 소라게를 바라보는 아주 커다란 눈이 나옵니다. 눈이 너무 커서 거인의 눈처럼 보입니다. 하지만 다음 장면을 보면 웃음이 터집니다. 실제로는 어떤 소년이 돋보기로 아주 작은 소라게를 들여다보고 있습니다.

그런데 작가는 소라게의 입장에서 돋보기를 보고 있는 소년의 눈을 확대해서 보여 줍니다. 보는 이의 시점만 바꿔도 세상은 새롭고 경이롭게 발견되기 때문입니다. 데이비드 위즈너는 언제나 똑같아 보이는 일상에서 '경이로움'을 포착해 냅니다.

아주 오래된 사진기

다음 장면에서 소년은 그야말로 보통 게를 발견합니다. 소년은 납작 엎드려서 게를 관찰합니다. 때마침 파도가 소년을 덮칩니다. 파도가 쓸고 지나간 모래밭에는 신기한 물건이 남아 있습니다. 바로 아주 오래된 사진기입니다.

소년은 사진기의 주인을 찾아 이 사람 저 사람에게 물어봅니다. 하지만 아무도 모릅니다. 소년은 사진기를 열고 필름을 꺼냅니다. 필름을 인

화해 보면 사진기의 주인을 찾을지도 모르기 때문입니다.

사진관으로 달려가서 필름을 맡기고 가게 앞에서 초조하게 기다리는 소년의 모습이 일곱 개의 컷으로 그려집니다. 벤치에 앉았다가 엎드렸다가, 사라졌다가 다시 앉았다가, 가게 안을 들여다보다가 마침내 사진을 손에 들고 나옵니다. 한 시간의 기다림이 고스란히 드러납니다.

사진을 찾아서 들여다보는 소년의 눈이 마치 돋보기로 확대한 것처럼 커집니다. 도대체 사진에는 무엇이 찍혀 있을까요?

사진을 들고 있는 사진

첫 번째 사진에는 붉은 물고기들이 찍혀 있습니다. 그런데 그중 한 마

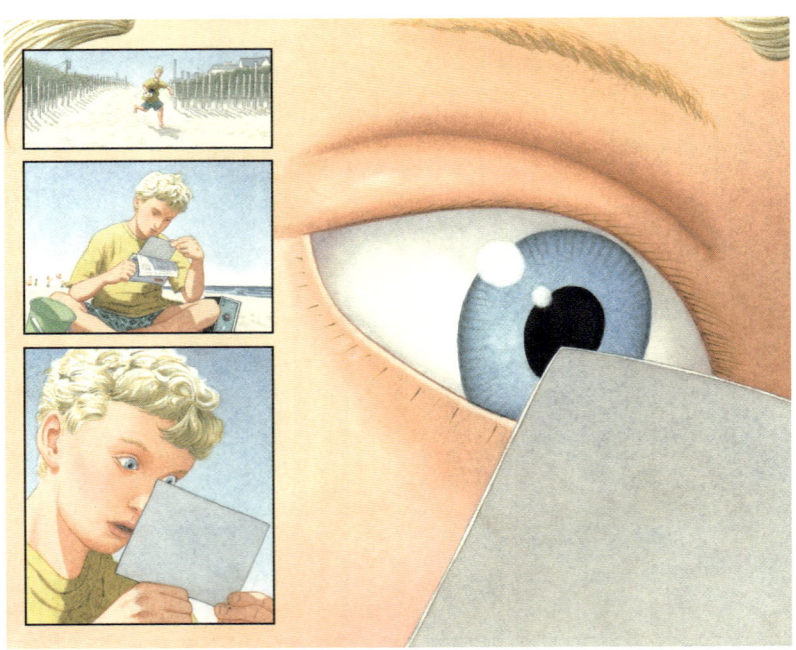

리는 분명 로봇 물고기입니다. 두 번째 사진에는 문어 가족이 거실 소파에 앉아 있습니다. 그리고 그다음부터는 점점 더 믿을 수 없는 환상적인 사진들이 이어집니다.

그러다 소년은 아주 평범한 사진을 봅니다. 어떤 소녀가 사진을 들고 찍은 사진입니다. 하지만 소년은 곧 '사진 속의 사진'에서 이상한 사실을 알아챕니다. '사진 속의 사진'에는 또 어떤 소년이 사진을 들고 있습니다.

소년은 돋보기를 눈에 대고 다시 '사진 속의 사진 속의 사진'을 들여다봅니다. 이번에는 다시 어떤 소녀가 사진을 들고 있습니다. 소녀가 든 사진에는 다시 어떤 소년이 사진을 들고 있습니다. 이제 돋보기로는 더 이상 사진 속의 사진을 추적할 수가 없습니다.

　마침내 소년은 현미경에 사진을 고정시키고 사진 속의 사진을 계속 들여다봅니다. 과연 몇 사람이 사진을 들고 찍었을까요? 이 이상한 사진 놀이는 도대체 누구로부터 시작한 것일까요?

SF 판타지로 포장한 아날로그 사진 이야기

　『시간 상자』는 책을 펼치는 순간부터 마지막 장을 덮을 때까지 한순간도 눈을 뗄 수 없게 만드는 마법의 그림책입니다. 사진 속의 사진은 호기심을 자극하는 동시에 수수께끼를 풀어낼 수 있는 실마리이기 때문입니다. 책을 덮고 나서도 책을 본 여운이 쉽게 가시지 않습니다.

　데이비드 위즈너는 『시간 상자』에 온갖 신기한 상상력을 불어넣었습니다. 하지만 데이비드 위즈너가 들려주는 진짜 이야기는 사진을 찍은 사람과 사진을 보는 사람의 이야기입니다. SF 판타지로 포장한 아날로그 사진 이야기인 것입니다. 누군가를 추억하고 누군가를 그리워하는, 평범하지만 가슴 따뜻한 이야기입니다. 그게 바로 우리 인생입니다.

마음을 훔치는 코믹 호러
『오싹오싹 팬티』

에런 레이놀즈 글 | 피터 브라운 그림 | 홍연미 옮김 | 토토북

다시 그림의 시대

그림은 인류의 시작부터 함께했습니다. 사람은 눈으로 보고 손으로 그릴 수 있는 능력을 갖고 태어났기 때문입니다. 선사시대 유적에도 동굴 벽화 같은 그림이 남아 있습니다. 그리고 글이 만들어지자 그림책이 만들어집니다. 그림이라는 표현 수단에 글이 첨가된 것입니다. 바로 이 점이 중요합니다. 처음에는 글이 아니라 그림이 본능적이고 기본적이고 인간적인 표현 수단이었다는 점입니다.

하지만 역사시대, 즉 권력과 문자의 만남은 글과 그림의 관계를 역전시키게 됩니다. 문자를 소유한 권력이 또 하나의 계급을 만듭니다. 바로 문맹입니다. 권력자들이 쉽고 편리한 그림이 아니라 어렵고 불편한 글로 통치하고 정보를 독점하는 시대가 열리게 된 것입니다. 이때부터 글을 먼저 쓰고 그림은 옵션이 되기 시작했습니다.

'그림책 덕후'의 눈으로 보면, 이후 인류의 역사는 문자로 상징되는 권력의 시대에서 그림으로 상징되는 인간의 시대로 다시 인간성을 회복하는 과정이라고 볼 수 있습니다. 이것이 바로 책이 그림책이 되고 만화와 영화와 그래픽 노블이 세계인의 사랑을 받는 이유입니다.

공포의 초록 팬티

꼬마 토끼 재스퍼는 새 팬티가 필요합니다. 어린이들은 금방 쑥쑥 자라니까요. 엄마는 재스퍼와 함께 속옷 가게로 갑니다. 그리고 아주 평범한 흰 팬티 세 개를 집어 듭니다. 하지만 계산대로 가는 길에 재스퍼는 아주 기막힌 팬티를 발견합니다. 바로 '공포의 초록 팬티'입니다. 아마도 공포의 초록 팬티는 새로 나온 상품인 모양입니다. 한쪽 벽면에 아주 크고 화려하게 진열되어 있습니다. 무엇보다 광고에 따르면, 초록 팬티는 소름 끼치게 으스스하고 무시무시하게 편안하다고 합니다.

재스퍼는 엄마에게 공포의 초록 팬티를 사 달라고 조릅니다. 엄마는 왠지 으스스한 느낌이 들어서 초록 팬티가 마음에 들지 않습니다. 하지만 꼬마 재스퍼는 자기도 이제 다 큰 어른이라며 고집을 부립니다. 하는 수 없이 엄마는 재스퍼에게 공포의 초록 팬티를 사 주고 맙니다.

공포는 이제부터 시작이야

그날 밤 꼬마 재스퍼는 멋진 새 초록 팬티를 입고 잠자리에 듭니다.

아빠는 재스퍼를 위해 복도에 불을 켜 놓을지 묻습니다. 하지만 재스퍼는 자기도 이제 아가가 아니라 다 큰 어른이라고 대답합니다. 아빠는 조용히 방문을 닫습니다.

바로 그때, 재스퍼는 뭔가 이상한 사실을 깨닫습니다. 재스퍼는 이불을 젖히고 팬티를 봅니다. 세상에! 팬티가 저절로 빛나고 있습니다. 그것도 마치 유령처럼 아주 으스스한 초록빛으로 말입니다.

재스퍼는 눈을 꼭 감아 보고, 이불을 뒤집어써서 보고, 베개로 얼굴을 덮어도 봅니다. 하지만 아무리 해도 으스스한 초록빛을 가릴 수는 없습니다. 결국 재스퍼는 초록 팬티를 세탁 바구니 맨 아래에 넣고 평범한 흰 팬티를 입습니다. 그제야 재스퍼는 잠이 듭니다.

하지만 다음 날 아침, 재스퍼는 깜짝 놀라고 맙니다. 분명 어젯밤 초록 팬티를 세탁 바구니에 넣고 흰 팬티로 갈아입었는데, 자신이 여전히 초록 팬티를 입고 있기 때문입니다. 맙소사! 이게 어떻게 된 일일까요?

코믹 호러 그림책

그림책『오싹오싹 팬티』의 장르를 굳이 나누어 보자면 코믹 호러 그림책으로 분류할 수 있습니다. 그림책이라면 다 같은 그림책이지 왜 굳이 장르를 나누어 보느냐고요? 그림책이 다 같은 그림책이 아니기 때문입니다.

그림책은 어린이책이라는 편견에 갇혀 예술이 아닌 교과서로 취급받는 경우가 많습니다. 하지만 그림책이 어린이와 어른이 함께 보는 책이라면 어린이와 어른 모두를 독자로서 존중하는 예술 작품이어야 합니다. 독자를 존중한다는 뜻은 작가가 만든 예술 작품을 감상하고 소비하는 독자를 작가 스스로 섬긴다는 뜻이기도 합니다.

작가가 독자를 섬기는 방식이 바로 장르입니다. 작가는 독자를 섬기기 위해, 즉 독자를 행복하게 만들기 위해 다양한 상상력과 기술을 동원

합니다. 신비한 환상의 세계, 알쏭달쏭 수수께끼, 오싹오싹한 공포, 새콤달콤한 사랑, 배꼽 잡는 유머, 참을 수 없는 눈물, 속 시원한 영웅 이야기 등을 통해서 말이지요. 이러한 상상과 기술은 그대로 예술의 장르를 만들어 냅니다. 바로 판타지, 미스터리, 호러, 로맨스, 코미디, 트래지디(tragedy, 비극), 히어로 등의 장르입니다.

그럼에도 불구하고 공포 드라마는 성인들조차도 호불호가 갈리는 장르입니다. 게다가 그림책은 어린이책이라는 편견이 지배하는 현실에서 그림책에 공포 드라마를 접목시킨다는 건 정말 어마어마한 모험입니다.

그런데 에런 레이놀즈와 피터 브라운은 공포 드라마와 그림책을 아주 기발하고 성공적으로 결합했습니다. 어떻게 이런 일이 가능했을까요? 두 사람이 공포 드라마를 흥미진진한 그림책으로 만들 수 있었던 비결은 바로 유머와 우화입니다. 유머와 우화는 모든 사람이 좋아하는 예술 언어이기 때문입니다.

소설과 영화가 장르 드라마를 통해 세계인의 마음을 훔친 것처럼 그림책 역시 다양한 장르를 통해 더 많은 독자의 사랑을 받게 될 것입니다. 그리고 여기 훌륭한 장르 그림책이 있습니다. 바로 코믹 호러 그림책 『오싹오싹 팬티』입니다.

가치관의 변화를 다시 쓰고 그리다
『곰 세 마리』

폴 갤돈 다시 쓰고 그림 | 허은실 옮김 | 보림

폴 갤돈 다시 쓰고 그림

 그림책『곰 세 마리』는 전래 동화인『골디락스와 곰 세 마리』를 폴 갤돈이 이야기를 다시 쓰고 그림을 그린 그림책입니다. 혹시『골디락스와 곰 세 마리』이야기를 기억하시나요?

 옛날 숲속 오두막집에는 곰 가족이 살았습니다. 하루는 엄마 곰이 아침 식사로 먹을 호박 수프를 만들었습니다. 하지만 수프가 너무 뜨거웠습니다. 그래서 곰 가족은 수프가 식을 동안, 잠시 산책을 나갔습니다.

 그런데 때마침 '골디락스'라는 금발 머리 소녀가 숲으로 놀러 왔다가 곰 가족의 집을 발견하고 안으로 들어왔습니다. 아마 그다음 이야기는 모두 기억이 나실 겁니다. 골디락스가 아기 곰의 수프를 먹고….

너무나 유명해서 모르는 사람이 거의 없는, 이 단순하고 오래된 수프 도둑 이야기를 21세기에 사는 폴 갤돈이 왜 다시 이야기를 고쳐 쓰고 그림을 그려서 새로운 그림책 『곰 세 마리』로 만들었을까요? 저는 왜 이 그림책을 붙잡고 서평을 쓰고 있을까요?

똑같은 이야기, 달라진 캐릭터

전래 동화 『골디락스와 곰 세 마리』와 폴 갤돈의 그림책 『곰 세 마리』의 이야기는 크게 다르지 않습니다. 금발 머리 소녀는 여전히 곰의 죽(수프)을 먹고 곰의 의자를 부수고 곰의 침대에 누워서 잠을 잡니다.

전래 동화 『골디락스와 곰 세 마리』와 폴 갤돈의 그림책 『곰 세 마리』가 다른 점은 드라마가 아니라 캐릭터입니다. 폴 갤돈의 『곰 세 마리』에는 더 이상 아빠 곰, 엄마 곰, 아기 곰이 나오지 않습니다. 『곰 세 마리』

에는 조그맣고 조그만 곰과 크지도 작지도 않은 곰과 커다랗고 커다란 곰이 나옵니다.

그런데 왜 폴 갤돈은 아기 곰, 엄마 곰, 아빠 곰을 작은 곰, 작지도 크지도 않은 곰, 큰 곰으로 바꾼 걸까요? 겨우 이걸 바꾸려고 별로 다르지도 않은 이야기를 새로 쓰고 그림을 새로 그린 걸까요? 폴 갤돈은 예술가로서 자존심도 없는 걸까요?

캐릭터의 변화, 가치관의 변화

캐릭터를 아기 곰, 엄마 곰, 아빠 곰에서 작은 곰, 중간 곰, 큰 곰으로 바꾼 것은 단순한 캐릭터의 변화가 아닙니다. 이것은 가치관의 변화입니다.

예술 작품은 당대의 가치관을 반영합니다. 전래 동화인 『골디락스와 곰 세 마리』가 만들어진 과거에는 가족 구성원의 역할에 대해서 성별과 연령에 따른 차별이 엄격했습니다. 가족에 대한 개념 자체가 권위적이

고 봉건적이었습니다.

하지만 21세기를 사는 우리의 가족은 그 형태가 다양합니다. 재혼 가정도 있고, 한부모 가정도 있고, 입양 가족도 있고, 동성 가족도 있습니다. 더불어 성별과 나이에 따른 차별이 줄어들었습니다.

가족 구성원에 대한 역할 규정도 허물어졌습니다. 더 이상 가사를 도맡은 엄마와 생계를 도맡은 아빠와 말 잘 듣는 아이로 가족을 규정할 수 없습니다.

폴 갤돈은 21세기를 사는 독자를 위해 작은 곰, 중간 곰, 큰 곰으로 곰 세 마리 가족을 새롭게 구성했습니다. 가족의 구성을 성별과 나이의 차별로부터 자유롭게 만든 것입니다. 폴 갤돈은 무엇보다 특정한 곰에게 가사를 전담시키지도 않고, 특정한 곰에게 생계를 전담시키지도 않습니다. 분명 캐릭터의 변화는 가치관의 변화입니다.

전래 동화를 다시 쓰고 그립시다!

전래 동화를 교양으로 여기고 교육하려는 어른들이 많습니다. 물론 전래 동화라는 예술은 과거에 대중을 즐겁게 하고 교육하는 역할을 했습니다. 그때는 대부분의 사람들에게 활자와 책이 금지되었기 때문입니다. 하지만 프로메테우스가 인류에게 불을 전해 준 것처럼, 구텐베르크가 활판 인쇄술로 지식과 예술을 인류에게 전파하면서 혁명이 일어나고 민주주의가 꽃피었습니다. 인류와 세계가 모두 달라졌습니다.

전래 동화를 만든 사람들은 과거의 세계관을 지닌 사람들입니다. 전래 동화를 그대로 읽고 받아들이는 것은 스스로 옛날 사람이 되는 일입니다. 우리는 21세기를 사는, 깨어 있는 현대인의 눈으로 전래 동화를 비판적으로 읽고 새롭게 고쳐 쓸 필요가 있습니다. 그래야만 민주주의를 지키고 자유를 지키고 인간답게 살 권리를 지킬 수 있습니다. 승자의 역사이자 살인자의 역사인 과거의 역사를 국민의 역사이자 민주주의의 역사로 새로 써야 하는 것과 같은 이치입니다.

곰 세 마리 집에 침입한 금발 머리 소녀

저는 곰 세 마리가 사는 집을 지구라고 생각합니다. 그리고 금발 머리 소녀를 인류라고 생각합니다. 인류는 지구라는 평화로운 집에 몰래 들어와서 훔쳐 먹고 부수고 늘어지게 쉬다가 저승으로 도망가는 존재입니다. 이야기 속의 소녀는 적어도 자신이 한 짓이 부끄러운 일인 줄 알고 있습니다. 인류가 지구에서 먹고 쓰고 가는 것 가운데 인류의 것은 하나도 없습니다. 모두 곰 세 마리의 것입니다. 지구의 것입니다.

우리 모두 지구에게 저지른 도둑질을 부끄러워하면 좋겠습니다. 그래

도 너그러이 먹여 살려 주는 지구에게 고마워하면 좋겠습니다. 부디 인류에게 모든 것을 아낌없이 내어 준 지구를 위해 작은 노력이라도 하면 좋겠습니다. 제발 탐욕스럽고 무분별한 개발을 그만두고 지구를 살리는 노력을 하면 좋겠습니다.

소설일까? 만화일까? 그림책일까?
『인어 소녀』

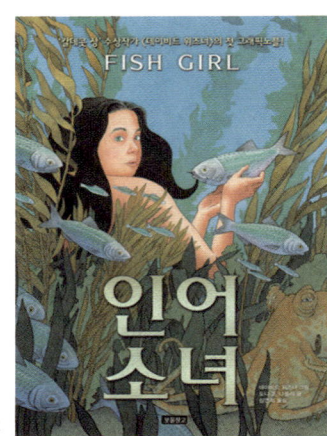

도나 조 나폴리 지음 | 데이비드 위즈너 그림
심연희 옮김 | 보물창고

1977년 여름

친구를 따라 처음 만화 가게에 갔습니다. 재미의 신세계가 열렸습니다. 정신없이 만화를 보다가 집으로 달려갔습니다. 저는 아버지를 보고 자랑했습니다.

"아버지! 나 오늘 만화 가게 갔다!"

순간 아버지 얼굴에서 웃음기가 싹 사라졌습니다.

"뭐라고? 앞으로 다시는 만화 가게 가지 마라. 한 번만 더 가면 아주 혼날 줄 알아."

너무 뜻밖의 반응이라 이유도 묻지 못했습니다. 그냥 만화라는 게 아주 부정한 물건이고, 그 부정한 물건을 보는 건 아주 부도덕한 일인 듯한 느낌이었습니다.

나중에 알고 보니 그 당시에는 정부에서 일 년에 한 번씩 만화를 불사르는 행사를 했습니다. 박정희 정권 시절, 만화는 불건전하고 저속한 문화의 상징이었습니다. 만화가와 만화를 사랑하는 독자 모두를 저질 취급하던 시절이었습니다.

2018년 여름

데이비드 위즈너의 그래픽 노블 『인어 소녀』가 한국에서 출간되었습니다. 그래픽 노블은 소설과 만화와 그림책 중간쯤에 자리하고 있는 새로운 시각예술입니다. 보는 사람에 따라서 그래픽 노블은 만화와 별 차이가 없어 보입니다. 어떤 사람은 소설에 더 가깝다고 하고, 또 어떤 사람은 그림책에 더 가깝다고도 합니다. 중요한 건 많은 나라에서 그래픽 노블이 독자들의 사랑을 듬뿍 받고 있다는 사실입니다.

데이비드 위즈너는 『구름 공항』, 『시간 상자』 등 아주 환상적인, 글 없는 그림책으로 독보적인 지명도를 쌓은 작가입니다. 그런데 그가 이제 첫 번째 그래픽 노블을 내놓았습니다. 저는 그래픽 노블에 도전한 데이비드 위즈너에게 박수를 보내고 싶습니다. 무엇보다 그의 데뷔는 아주 성공적입니다. 『인어 소녀』라는 아주 괜찮은 원작을 선택했기 때문입니다.

인어 소녀

오늘날의 미국 어딘가에 인어 소녀를 볼 수 있는 아쿠아리움 '오션 원더스'가 있습니다. 보통 아쿠아리움에는 인어 옷을 입은 가짜 인어가 출현합니다. 하지만 오션 원더스에는 진짜 인어가 있습니다. 오션 원더스의 주인이자 바다의 왕인 넵튠이 직접 데려온 진짜 인어 말입니다. 그런데 이상하게도 바다의 왕 넵튠은 인어 소녀에게 절대로 사람들에게 모습을 보여 주면 안 된다고 합니다. 도대체 왜일까요?

사실 이 책을 펼치는 순간 독자들은 넵튠의 정체를 아주 잘 알게 됩니다. 오직 인어 소녀만이 넵튠의 진짜 정체를 모릅니다. 하지만 아주 우연히, 그리고 아주 다행히 인어 소녀는 운명처럼 '리비아'라는 인간 소녀와 마주치게 됩니다. 그리고 넵튠의 정체에 한 발짝씩 다가가게 됩니다.

이제 인어 소녀는 어떻게 될까요? 그리고 아쿠아리움 '오션 원더스'에 갇힌 인어 소녀와 바다 생물들에게 앞으로 어떤 일이 펼쳐질까요?

재주는 인어가 부리고 돈은 넵튠이 번다!

'재주는 곰이 부리고 돈은 사람이 번다.'는 말이 있습니다. 곰과 사람이 가족이고 서커스가 가족을 위한 사업이었다면 이런 말은 생기지 않았을 겁니다. 이런 말은 곰이 노예고 사람이 주인이기 때문에 만들어졌습니다.

인어 소녀는 자신이 노예고, 넵튠이 주인이라는 사실을 아는 데 꽤 오랜 시간이 걸립니다. 노예의 주인인 넵튠은 결코 진실을 알려 주지 않기 때문입니다. 인어를 포함한 많은 바다 생물이 '오션 원더스'라는 아쿠아리움에 갇혀 있습니다. 하지만 넵튠은 자신이 바다의 왕이며 바다 생물들을 지켜주고 있다고 주장합니다.

인어 소녀와 바다 생물들은 자기도 모르게 재주를 부리고 있습니다. 사람들은 입장료를 내고 동전을 던집니다. 그러면 자신을 바다의 왕이라 부르는, 자본가 넵튠이 돈을 법니다. 그곳이 바로 '오션 원더스'라는 이름의 아쿠아리움입니다.

노예 제도가 사라졌다고?

안타깝게도 우리는 지금 자본주의의 노예로 살아가고 있습니다. 돈의 노예, 자본가의 노예, 권력의 노예로 살고 있습니다. 과거의 노예주들이 그랬던 것처럼 현재의 노예주들도 여전히 신처럼 군림하고 회유하고 협박합니다. 다만 무서운 사실은 가정에서, 학교에서, 회사에서 누구나 노예가 될 수도 있고, 노예의 주인이 될 수도 있다는 것입니다.

부디 동물원의 동물들을 풀어 주십시오. 제발 아쿠아리움의 바다 생물들을 바다로 돌려보내 주십시오. 그리고 여러분의 가정에서, 학교에서, 회사에서 스스로를 자유롭게 풀어 주십시오. 노예도 되지 말고 노예의 주인도 되지 말고, 여러분 자신이 되어 주십시오!

만화와 그림책과 그래픽 노블의 시대

어쩌면 아버지가 만화를 금지한 덕분에 저는 그림책을 만났습니다. 아버지가 만화를 금지하지 않았다면 분명 저는 만화와 먼저 사랑에 빠졌을 겁니다. 하지만 아버지가 아무리 금지해도 소용없었습니다. 결국 저는 만화와 그림책과 그래픽 노블 모두를 사랑하게 되었으니까요. 저뿐이 아닙니다. 세상은 이미 만화와 그림책과 그래픽 노블의 시대입니다.

천의 얼굴을 가진 주황색
『뼈를 도둑맞았어요!』

장뤼크 프로망탈 글 | 조엘 졸리베 그림 | 최정수 옮김 | 보림

해골들의 도시

이곳은 '오스탕드르'입니다. 해골들이 모여 사는 곳이지요. 해골 인구는 1,275명이고 뼈의 수는 다 합쳐서 270,300개입니다.

달빛이 찬란한 어느 밤, 세탁소 아가씨가 뼈를 도둑맞았습니다. 아가씨는 곧 해골 탐정 셜록에게 사건을 의뢰했지요. 아가씨는 괴물이 자신의 팔뼈를 훔쳐갔으며 괴물은 이빨이 칼처럼 날카롭고 몸뚱이는 무시무시했다고 증언했습니다. 하지만 사건은 이제 시작에 불과합니다.

정육점 주인 오스비프는 종아리뼈를 도난당했으며, 괴물은 신화 속 '케르베로스' 같은 털복숭이 야수라고 증언했습니다. 접골사 오스뒤르는 관절이 약한 주민들을 치료하던 중 등뼈 열두 개와 오스왈다 부인의 정강이뼈, 그리고 자신의 꼬리뼈를 도둑맞았습니다. 오스뒤르는 괴물이 신화에 나오는 '그리핀'처럼 머리는 독수리고 몸은 사자라고 했습니다.

도난 사건은 이후에도 꼬리에 꼬리를 물고 계속 이어졌습니다. 해골 탐정 셜록은 과연 괴물을 잡을 수 있을까요? 도대체 괴물은 어떻게 생겼을까요? 그리고 괴물은 왜 해골들의 뼈를 훔쳐간 걸까요? 해골처럼 으스스한 도시 오스탕드르의 미스터리, 『뼈를 도둑맞았어요!』입니다.

왜 해골들의 도시인가?

왜 하필 해골들의 도시를 무대로 해골들의 뼈 도난 사건을 책으로 만들었을까요? 물론 그야말로 작가 마음이지요. 무슨 이야기를 쓰고 그리든 그건 작가의 자유입니다. 하지만 작품을 보고 나서 무슨 생각을 하든 무슨 의문을 품든 그건 독자의 자유입니다.

해골들의 도시
오스탕드르
해골 1,275명
뼈 270,300개

『뼈를 도둑맞았어요!』의 표지를 보고 저는 생각했습니다.

'오! 멋진데? 재밌겠는데?'

표지에는 검은 바탕에 하얀 해골들이 이리저리 달아나는 그림이 있습니다. 물론 왼쪽 위에는 해골 탐정 설록의 모습도 보입니다. 그리고 페이지 한 장 한 장을 넘기며 감탄에 감탄을 연발했습니다.

"그래! 바로 이거야!"

마지막 페이지를 넘기며 문득 저는, 장뤼크 프로망탈과 조엘 졸리베에게 감사의 말을 전하고 싶었습니다. 이렇게 멋진 해골 그림책을 만들어 주어서 고맙다고, 사후 세계를 친근하게 만들어 주어서 고맙다고, 해골이나 죽음을 무서워하지 않게 해 주었다고. 무엇보다 진짜 무서운 게 무엇인지 알려 줘서 고맙다고.

이 책의 주인공은 주황색이다!

그림책을 좋아하는 사람의 입장에서 보면 이 책의 주인공은 해골 탐정 설록이 아닙니다. 이 책의 주인공은 바로 주황색입니다. 앞표지부터 뒤표지에 이르기까지 일관되게 주황색이 주인공입니다.

우선 앞표지에서는 검은색을 배경으로 주황색 제목 『뼈를 도둑맞았어요!』가 한가운데 딱 박혀 있습니다. 그리고 첫 번째 피해자인 세탁소 아가씨가 뼈를 도둑맞는 장면부터 주황색 선이 나타나기 시작합니다. 주황색 선은 바로 이 책에서 가장 미스터리한 등장인물이자 천의 얼굴을 가진 괴물 도둑입니다. 주황색 선은 세탁소 아가씨의 증언 속에서 '용'이 되었다가, 오스비프의 증언 속에서 '케르베로스'가 되었다가, 오스뒤르의 증언 속에서 '그리핀'이 됩니다.

그런데 주황색은 괴물만 표현하는 게 아닙니다. 때로는 도난당한 뼈가 되기도 하고, 때론 폴리스 라인이 되기도 하고, 때로는 바에서 춤을 추는 해골들이 되기도 합니다. 하지만 주로 검정과 파랑과 하양으로 채색된 이 작품에서 주황은 단연 모든 페이지의 주인공입니다. 주황이 모든 장면을 빛내며 호기심과 공포와 열정을 독자의 가슴에 전합니다.

주황색 괴물의 정체

우리는 아직도 냉전 시대의 아픔을 품고 대한민국에서 살고 있습니다. 그래서인지 제 눈에는 『뼈를 도둑맞았어요!』의 주황색 괴물이 예사롭게 보이지 않습니다. 아마 누구든 주황색 괴물의 정체를 알게 되면 깜짝 놀라 비명을 지르게 될 것입니다.

"세상에, 이럴 수가!"

사실 우리는 빨갱이도 아니고 파랭이도 아닙니다. 우리는 그냥 인간입니다. 다만 인간을 빨갱이와 파랭이로 나누고 미워하게 만드는 미움의 이데올로기가 있습니다. 그리고 이 미움의 이데올로기를 이용해서 선량한 사람들을 불행하게 만드는 소수의 권력자가 있습니다.

여기에 주황색 괴물의 정체를 통해 인간 마음속 진짜 괴물의 정체를 밝히는 그림책이 있습니다. 바로 장뤼크 프로망탈과 조엘 졸리베의 『뼈를 도둑맞았어요!』입니다.

살다 살다 너 같은 사람은 처음?
『어느 날, 아무 이유도 없이』

다비드 칼리 글 | 모니카 바렌고 그림
유영미 옮김 | 책빛

날개

어느 날 아침이었습니다. 잠에서 깨어난 '나다 씨'는 깜짝 놀랐습니다. 자신의 등에 날개 한 쌍이 돋아 있었기 때문입니다. 나다 씨는 분명 새도 아니고 곤충도 아닙니다. 나다 씨는 사람입니다. 그런데 갑자기 날개라니요! 도대체 이게 어찌된 일일까요?

나다 씨는 곧장 병원으로 가서 의사 선생님한테 날개를 보여 주었습니다. 의사 선생님도 이런 일은 처음이라고 했습니다. 하지만 그렇다고 나다 씨가 병에 걸린 것도 아니었습니다. 그래서 의사 선생님은 아무런 약도 처방해 주지 않았습니다. 물론 시럽조차도 말입니다.

어느 날 아침이었어요.
잠에서 깨어난 나다 씨는 몹시 놀랐어요.
등에 날개가 한 쌍 돋아 있었기 때문이에요.
아무런 이유도 없이요.

집으로 돌아온 나다 씨는 친구에게 전화를 걸었습니다. 자고 일어나 보니 등에 날개가 생겼고 병원에 갔지만 의사 선생님도 어찌된 일인지 모르더라고 하소연을 했습니다. 그러자 친구는 분명 공기가 나빠서 이런 일이 생겼을 거라고 합니다. 아마 제가 나다 씨였다면 이렇게 되물었을 겁니다.

"만약 공기가 나빠서라면 너한테는 왜 날개가 안 생기는데?"

답답한 나다 씨는 엄마에게 물어보았습니다. 친척들 가운데 날개 달린 사람이 있었느냐고 말입니다. 엄마는 날개 달린 친척을 한 번도 본 적이 없다고 했습니다. 엄마조차 나다 씨에게 이렇게 말하는 것 같습니다.

"살다 살다 너처럼 날개 달린 사람은 처음이구나!"

우리를 불행하게 만드는 것들

등에 날개가 돋은 나다 씨는 행복하지 않습니다. 의사 선생님도 왜 이런 일이 생겼는지 모릅니다. 믿었던 친구는 엉뚱한 소리를 합니다. 심지어 나다 씨의 엄마조차 이런 일은 처음 본다며 황당해합니다.

하지만 나다 씨를 불행하게 만든 것은 등에 날개가 생겼기 때문이 아니었습니다. 정작 나다 씨를 불행하게 만든 것은, 등에 날개가 생긴 이후 주변 사람들이 나다 씨를 바라보는 시선 때문이었습니다.

사실 등에 날개가 생겼다고 해서 나다 씨가 다른 사람이 되거나 다른 동물이 된 것은 결코 아닙니다. 등에 날개가 있든 없든 나다 씨는 그대로 나다 씨입니다. 그럼에도 불구하고 의사 선생님에게 나다 씨는 난생처음 보는 환자가 됩니다. 친구에게 나다 씨는 나쁜 공기의 희생자가 됩니다. 그리고 엄마에게 나다 씨는 가문에서 처음 보는 별종이 됩니다.

모니카 바렌고의 발명

『어느 날, 아무 이유도 없이』는 다비드 칼리가 쓴 이야기를 가지고 신예인 모니카 바렌고가 만든 그림책입니다. 다비드 칼리의 문학 작품을 원작으로 모니카 바렌고가 만든 그림책 예술이라는 뜻입니다. 따라서 글에는 등장하지 않는 등장인물이 그림 속에 아주 자연스럽고도 강렬하게 등장합니다.

그게 누구일까요? 바로 나다 씨의 강아지입니다. 나다 씨의 강아지는 다비드 칼리의 글에는 전혀 등장하지 않습니다. 한마디 언급도 없습니다. 하지만 모니카 바렌고가 그린 그림 속에는 나다 씨의 강아지가 앞표지부터 뒤표지까지 줄곧 등장합니다.

사무실에 출근하자 사장님은 눈을 동그랗게 뜨고는,
그런 날개를 달고 일할 순 없으니 당장에 들어 버리라고 호통을 쳤어요.

나다 씨와 강아지는 삶의 거의 모든 순간을 함께하고 있습니다. 무엇보다 나다 씨에게 날개가 있든 없든, 나다 씨의 외모와 상관없이 나다 씨를 사랑해 준 것은 나다 씨의 친구도 아니고 가족도 아니었습니다. 나다 씨의 강아지였습니다. 바로 모니카 바렌고가 발명한, 나다 씨의 강아지였습니다.

어느 날, 아무 이유도 없이

어느 날, 아무 이유도 없이 우리에게는 무슨 일이든 닥칠 수 있습니다. 무슨 일이 생길지 알 수 없는 게 바로 인생이기 때문입니다. 하지만 예기치 못한 일은 그냥 예상할 수 없었던 사건일 뿐 그 자체가 행복이나 불행을 의미하지는 않습니다.

　우리에게 무슨 일이 있어도 나다 씨의 강아지처럼 누군가 우리를 변함없이 사랑한다면 우리는 이 고단한 삶을 기꺼이 살아낼 것입니다. 부디 여러분 모두 누군가에게 변함없는 강아지가 되면 좋겠습니다!

제4장 아름다운 탄성을 부르는 그림책

와~
정말 아름답습니다.
아름답다는 말밖에 더할 말이 없습니다.
외모가 아니라
당신의 정성과 노력이
참 아름답습니다!

시인과 화가가 빚은 진짜 마술
『흰 눈』

공광규 시 | 주리 그림 | 바우솔

신기하고 고마운 시절

참 신기하고 고마운 시절입니다. 요즘은 저더러 직접 고르라면 아마도 결코 고르지 않을 책들을 자주 보게 됩니다. 물론 예전에도 제 취향이 아니더라도 검토해야 할 책들이 많았습니다. 하지만 취향이라는 편견의 벽을 뚫고 본질을 보게 되는 일은 흔치 않습니다. 돌아보니 저는 참 미숙했고 여전히 미숙합니다.

많은 분이 저를 깨우쳐 줍니다. 게으른 서평가인 저에게도 꾸준히 책을 보내 주시는 여러 출판사 분들이 저의 편협한 눈을 더 밝게 만들어 줍니다. 그리고 저와 모임을 함께하는 그림책을 사랑하는 여러분 덕분에 정말 다양한 작품의 진미를 맛보게 됩니다.

그동안은 눈에 보이는 것을 넘어서 그 안으로 들어가는 일이 쉽지 않았습니다. 표지가 마음에 들지 않는 책을 열어 볼 때마다 마음이 편치 않았습니다. 그런데 요즘은 그런 일이 즐겁습니다. 저와 그림의 취향은 다를지라도 작품 안에서 고귀하고 아름다운 마음을 만날 수 있기 때문입니다.

주리 작가의 마술

그림책 『흰 눈』의 표지에는 하얀 벚꽃송이가 가득합니다. 마치 흰 눈이 아니라 벚꽃이 주인공인 것 같습니다. 벚꽃송이 뒤로는 배경처럼 시골집과 누군가의 모습이 보입니다. 그리고 벚꽃송이와 시골집 사이로 꽃잎이 흰 눈처럼 휘날리고 있습니다.

누군가는 경탄할 만한 이 아름다운 표지를 저는 아주 무심하게 넘겨 봅니다. 전통적이고 사실적인 그림은 제 취향이 아니기 때문입니다. 면지는 상대적으로 단순해서 제 마음에 들었습니다. 더구나 꽃잎이 흩날리는 하늘을 과장해서 벚꽃송이가 통째로 휘날리는 것으로 표현한 점이 마음에 들었습니다. 저는 과장하고 '뻥' 치는 것을 좋아합니다. 조금 답답했던 마음이 뻥 뚫리는 것 같았습니다.

겨울에 다 내리지 못한 눈은

마침내 첫 장면에서 흰 눈이 등장합니다. 그런데 회색빛 겨울 하늘과 그 사이로 흩날리는 흰 눈이 정말 꽃잎 같습니다. 표지와 면지에서 흰 눈 같은 꽃잎을 날리더니 첫 장면에서 꽃잎 같은 흰 눈을 날린 것입니

다. 주리 작가는 세 장의 그림으로 꽃잎이 흰 눈이 되고 흰 눈이 꽃잎이 되는 마술을 보여 줍니다.

공광규 시인의 마술

겨울에 다 내리지 못한 눈은
매화나무 가지에 앉고

공광규 시인은 겨울에 다 내리지 못한 눈이 매화나무 가지에 앉았다고 합니다. 주리 작가의 그림에도 하얀 눈이 내려와 하얀 매화꽃이 됩니다.

그래도 남은 눈은
벗나무 가지에 앉는다

이 장면에서 마침내 누군가 시골집의 문을 열고 나옵니다. 그런데 얼굴을 보여 주지는 않습니다. 왜일까요? 도대체 이 사람은 누구일까요?

더불어 마당에 내려앉은 꽃잎이 이제는 꽃잎으로 보이지 않고 흰 눈으로 보입니다. 겨울에 다 내리지 못한 눈이 매화꽃이 되고 벚꽃이 되었기 때문입니다. 공광규 시인은 네 줄의 시로 하얀 눈이 매화꽃이 되고 벚꽃이 되는 마술을 보여 줍니다.

눈은 계속 내린다

이제 눈은 조팝나무 가지에도 앉고 이팝나무 가지에도 앉습니다. 온 세상의 흰 꽃은 모두 겨울에 다 내리지 못한 눈이 내려앉은 것입니다. 하지만 그렇게 앉다가 앉다가 더 내릴 곳이 없으면 눈은 어디에 내려앉아야 할까요? 공광규 시인과 주리 작가는 이제 두 번째 마술을 보여 줍니다.

공광규 시인의 상상력은 따뜻합니다. 차가운 눈을 어쩜 이렇게 따뜻하게 그려 냈을까요? 주리 작가의 그림도 매력적입니다. 꽃잎과 흰 눈을 어쩜 이렇게 조화롭게 그려 냈을까요?

공광규 시인과 주리 작가가 그려 낸 두 번째 마술은 제 마음을 출렁거리게 만들었습니다. 어쩌면 나도 꽃을 피울 수 있겠다는 생각이 들었습니다. 무엇보다 마음속에서 언제나 그리운 한 사람을 다시 꺼내 보게 만들었습니다. 바로 하얀 눈꽃 같은 우리 할머니입니다.

진짜 마술

흰 눈이 흰 꽃이 되는 것은 분명 마술 같은 일입니다. 그런데 사실이기도 합니다. 겨울에 내린 눈을 먹고 봄에 만물이 자라기 때문입니다.

 흰 눈이 흰머리가 되는 것도 마술 같은 일입니다. 그런데 사실이기도 합니다. 사람은 흰 눈을 먹은 만물을 먹고 자라기 때문입니다.
 다만 하얀 눈이 노인의 머리에만 흰 꽃으로 다시 피는 까닭은, 사람이 늙어서야 비로소 나무가 되기 때문입니다. 남자든 여자든, 늙는다는 것은 나무가 되고 꽃이 된다는 뜻인지도 모릅니다. 우리는 모두 자연으로 돌아갈 테니까요.
 흰 눈이 흰 꽃이 되는 마술보다 사람이 나무가 되는 마술이 진짜 마술입니다. 한 사람이 노인이 되고 다시 나무가 되려면 정말 오랜 세월과 사랑과 웃음과 눈물이 필요하기 때문입니다. 시와 그림으로 자연과 인생의 마술을 보여 주는 그림책, 바로 『흰 눈』입니다.

붉은 색연필로 노래한 불멸의 늑대
『커럼포의 왕 로보』

월리엄 그릴 글·그림 | 박중서 옮김 | 찰리북

배고픈 마음

어려서부터 저는 끊임없이 저를 웃기거나 찡하게 만들 노래를, 영화를, 드라마를, 연극을, 책을 찾아다녔습니다. 어릴 땐 정말이지 그 이유를 몰랐습니다. 어른이 되어서야 몸이 배고픔을 느끼는 것처럼, 마음 역시 배고픔을 느끼기 때문이란 걸 알았습니다. 제 몸은 아무것이나 먹어서 비만이 되었습니다. 하지만 제 마음은 입맛이 너무나 까다로워서 삐쩍 말랐습니다.

그런데 아주 오랜만에 제 마음을 울린 작품을 만났습니다. 영국의 신예 윌리엄 그릴의 『커럼포의 왕 로보』입니다.

옛 서부

한때 북아메리카 대륙에서는 50만 마리의 늑대가 자유롭게 돌아다녔다. 하지만 유럽인 정착민들이 나타나면서 동물들의 서식지에 변화가 생겼다.

한때 북아메리카 대륙에서는 50만 마리의 늑대가 자유롭게 돌아다녔다.
하지만 유럽인 정착민들이 나타나면서 동물들의 서식지에 변화가 생겼다.

아름다운 탄성을 부르는 그림책　255

이 페이지의 윗부분 그림에는 서부를 개척한다는 미명 아래 포장마차를 타고 달려오는 유럽인의 모습과 그들을 구경하는 늑대들이 보입니다. 그리고 그 아래로 이어진 12컷의 그림에서는 유럽인이 원주민인 인

미국의 옛 서부가 죽어 가던 그 시절, 늑대들의 운명도 끝에 다다른 듯했다.

디언을 약탈하고 몰아내고 있습니다.

> 미국의 옛 서부가 죽어가던 그 시절, 늑대들의 운명도 끝에 다다른 듯했다.

이 페이지에서는 마침내 서부에 철도가 놓이고 기차가 달려옵니다. 이제 늑대들은 유럽인과 기차에 쫓겨 달아나기 시작합니다. 그리고 이어진 12컷의 그림에서 유럽인은 목장을 만들고 울타리를 치고 온갖 잔인한 방법으로 늑대를 사냥하고 죽입니다.

이렇게 단 두 페이지의 그림으로 윌리엄 그릴은 불과 100여 년 전 북아메리카에서, 문명인을 자처하던 유럽인이 얼마나 야만적인 범죄를 저질렀는지를 한눈에 보여 주고 있습니다. 윌리엄 그릴은 붉은색 필터를 쓰듯이 인디언과 늑대들과 야생동물의 슬픔을 붉은 색연필로 노래합니다.

하지만 불멸의 늑대들이 있었다!

1893년 뉴멕시코주 커럼포에는 5년 동안이나 커럼포 계곡 전체를 공포로 몰아넣은 늑대 로보가 있었습니다. 로보가 이끄는 늑대 무리는 겨우 다섯 마리였지만 영리하고 날렵했습니다.

커럼포 지역의 목축업자와 카우보이들은 모두 로보가 사라지기를 바랐습니다. 하지만 아무도 로보 무리를 잡지 못했고 마침내 로보의 목에는 엄청난 현상금이 걸렸습니다. 곧 로보를 잡기 위해 사냥꾼들이 몰려왔습니다. 사냥개 무리와 각종 덫과 강력한 독약이 쓰였습니다. 하지만 악명 높은 늑대 로보의 무리는 결코 잡히지 않았습니다. 커럼포의 왕 로보가 사냥꾼 어니스트 톰프슨 시턴을 만날 때까지 말입니다.

어니스트 톰프슨 시턴

이 책은 신예 윌리엄 그릴이 화가이자 환경 운동가인 어니스트 톰프슨 시턴의 『시턴 동물기』를 비롯한 많은 책을 바탕으로 재구성한 그림책입니다. 특히 시턴이 쓴 『커럼포의 왕 로보』와 실제 시턴의 생애를 결합시키면서 윌리엄 그릴은 더욱 감동적인 논픽션 그림책을 완성할 수 있었습니다.

실제로 어니스트 톰프슨 시턴은 화가이자 사냥꾼이었습니다. 영국에서 태어났지만 어린 시절에 캐나다 남부로 이주했습니다. 그곳 밀림에서 야생동물을 관찰하고 사냥하고 그림 그리며 성장했습니다.

그런 시턴이 악당 로보를 사냥하고 난 뒤 다시는 사냥을 하지 않게 되었습니다. 모두가 사라지기 바랐던 늑대를 잡았는데 시턴은 하나도 기쁘지 않았습니다. 오히려 시턴은 너무나 슬퍼하며 자신이 한 일을 후회했습니다. 도대체 왜일까요?

서부영화

제가 어릴 때 텔레비전에서는 영화배우 존 웨인이 나오는 서부영화를 많이 방영했습니다. 존 웨인은 주로 보안관 역할을 맡아 악당들을 물리쳤는데 그 악당 가운데는 꼭 잔인한 인디언이 있었습니다.

그런데 어른이 되어서 실제로는 유럽인이 아메리카 인디언을 침략하고 몰아냈다는 사실을 알게 되었습니다. 미국이라는 나라는 유럽인이 인디언으로부터 강탈한 나라였습니다. 더불어 존 웨인이 미국 언론과 함께 매카시즘을 선동하고 앞장서서 많은 영화인을 가난과 죽음으로 내몰았다는 사실도 알게 되었습니다.

세상에는 '서부영화' 같은 거짓말이 아주 많습니다. 그리고 세상에 가장 널리 알려진 거짓말 가운데 하나가 바로 늑대가 악당이라는 것입니다.

늑대는 악당이다?

늑대가 악당이라는 주장 역시 거짓말입니다. 자연에 존재하는 모든 동물과 식물은 저마다의 삶의 방식과 역할이 있을 뿐 인간의 적이 아니기 때문입니다. 오히려 인간이 자연의 적이며 악당입니다. 인간은 늑대가 인간이 키우는 소를 사냥한다는 이유로 늑대를 멸종시키려고 했습니다. 돌고래 쇼가 돈벌이가 된다는 이유로 돌고래를 마구잡이로 잡고 학살했습니다. 동물원이 돈벌이가 된다는 이유로 동물들을 납치하고 가두었습니다.

윌리엄 그릴의 『커럼포의 왕 로보』는 늑대와 사람 가운데 과연 누가 악당인지를 가슴 절절하게 보여 줍니다. 왜 사냥꾼 시턴이 참회와 동물 보호의 길을 걷게 되는지 공감하게 됩니다. 동물도 사람처럼 기뻐하고 아파한다는 걸 알게 됩니다. 동물도 사람도 모두 감정이 있으며 영혼의 존재라는 진실을 알게 됩니다. 늑대 로보의 아름다운 영혼을 느끼게 됩니다. 윌리엄 그릴의 『커럼포의 왕 로보』는 늑대와 사람의 영혼을 이어 주는 아름다운 그림책입니다.

자세히 보아도, 멀리 보아도
『팔랑팔랑』

천유주 지음 | 이야기꽃

빨랑빨랑

볼로냐 국제아동도서전은 해마다 3월 마지막 주나 4월 첫째 주에 열립니다. 2011년부터 해마다 부스를 내고 전시회에 참가하는데도 산다는 건 언제나 새롭고 신기하고 서툽니다. 한국을 떠나던 날, 밤 비행기라 여유를 부리던 북극곰 부부는 공항에 조금 늦고 말았습니다. 마음이 빨랑빨랑 팔다리를 재촉했습니다. 팔다리도 빨랑빨랑 마음을 재촉했습니다.

그날 밤 공항에서는 정말 소소하고도 많은 일이 북극곰 부부를 당황하게 만들었습니다. 당연히 가져와야 할 것을 가져오지 않았고, 심지어 현금 인출기의 문이 닫힐 때까지 돈을 꺼내지 않았습니다. 빨랑빨랑 마음이 재촉하는 바람에 실수가 이어졌고 북극곰 부부는 가까스로 출국장에 들어갔습니다. 거의 24시간 만에 볼로냐에 도착했고 호텔에 짐을 풀었습니다. 하지만 서평을 쓰려고 골라 둔 그림책은 북극곰이 사는 파주 집에 있었습니다.

팔랑팔랑

볼로냐 도서전시회 첫날, 그림책을 전시하러 온 제가 한국관의 첫 번째 손님이 되었습니다. 많은 그림책이 제 눈을 끌어당겼습니다. 많은 그림책 가운데 제 마음을 끌어당긴 그림책, 『팔랑팔랑』이 있었습니다. 팔랑팔랑.

표지를 자세히 봅니다. 벚나무 그늘 아래 기다란 나무 의자가 있습니다. 왼쪽에는 고양이가 앉아 있습니다. 고양이는 무릎 위에 도시락을 얹어 놓고 젓가락으로 음식을 집어 먹습니다. 하지만 고양이의 눈은 오른쪽을 바라보고 있습니다. 오른쪽에는 안경을 쓴 강아지가 앉아 있습니다. 강아지는 책을 보고 있습니다.

이제 표지 그림 전체를 봅니다. 벚나무 그늘 아래 고양이와 강아지가 긴 의자에 앉아 있습니다. 고양이는 도시락을 무릎 위에 놓고 음식을 먹고, 안경 쓴 강아지는 열심히 책을 보고 있습니다. 그때 봄바람이 일렁입니다. 예쁜 고양이와 안경 쓴 강아지 머리 위로 벚꽃 잎이 날개를 폅니다. 팔랑팔랑.

그림책 『팔랑팔랑』의 표지는 자세히 보아도 예쁘고 멀리 보아도 예쁩니다. 고양이와 강아지 사이의 에너지가, 그들 위로 날개를 펼친 벚꽃 잎이 독자의 마음을 끌어당깁니다.

머뭇머뭇

햇빛이 반짝 빛나는 봄날, 고양이 '나비'는 바구니를 들고 소풍을 나옵니다. 나뭇가지마다 파릇파릇 새잎이 돋고, 불긋불긋 새 꽃이 피어 있습니다. 나비는 봄 나무, 봄 잎, 봄꽃에 눈과 마음을 모두 빼앗깁니다. 그래서 나뭇가지 위에 앉은 작은 새가 자기를 지켜보는 줄도 모릅니다. 나무 아래에는 긴 나무 의자가 있습니다. 나비는 손에 들고 있던 바구니를

의자에 내려놓고, 바구니에서 김밥 도시락과 따뜻한 보리차를 담은 보온병을 꺼냅니다.

바람이 살랑 부는 봄날, 강아지 '아지'도 한 손으로 책을 감싸 안고 산책을 나섭니다. 하지만 아지가 좋아하는 벚나무 그늘 아래 긴 나무 의자에는 고양이가 먼저 자리를 잡고 있습니다. 처음 보는 고양이입니다. 아지는 긴 나무 의자 오른쪽에 앉습니다.

아지는 고양이가 궁금하지만 책을 펼치고 헛기침만 흠흠 합니다. 고양이 나비도 강아지가 궁금하지만 보리차를 마시며 곁눈질만 합니다.

참 소심한 두 친구, 고양이 나비와 강아지 아지는 아름다운 봄날 이렇게 우연히 만났습니다. 이제 둘 중에 누가 먼저 말을 걸게 될까요? 과연 나비와 아지는 친구가 될 수 있을까요?

또르뗄리니 또르뗄리니

원래 또르뗄리니는 치즈나 고기, 버섯 등으로 속을 채운 만두 모양의 파스타입니다. 그런데 이태리어를 모르는 제 귀에는 볼로냐의 식당에서 직원과 손님이 대화하는 소리가 이렇게 들립니다. 서로 얼마나 할 말이 많은지 지켜보는 내내 신기할 따름입니다.

때로는 직원과 손님의 대화에 옆 테이블에 앉은 손님도 합세합니다. 심지어 어떤 손님은 저에게까지 말을 건넵니다. 물론 저는 꿀 먹은 벙어리입니다. 볼로냐 식당에서는 이런 일이 참 흔합니다. 식사 내내 이어지는 길고 활기차고 행복한 대화 말입니다.

그런데 식당 직원과 손님의 긴 대화 때문에 종종 다른 테이블의 서빙이 늦어집니다. 때로는 주문을 까먹기도 합니다. 그러면 저는 발을 동동

구릅니다. 저는 빨랑빨랑의 나라 한국에서 왔으니까요.

살랑살랑

살랑살랑 봄바람이 붑니다. 봄은 볼로냐에도 오고 서울에도 옵니다. 봄은 결코 빨랑빨랑 오지 않습니다. 봄은 살랑살랑 왔다가 팔랑팔랑 갑니다. 따라서 마음이 살랑살랑 걷지 않으면 봄을 느낄 수 없습니다. 마음이 빨랑빨랑 달려가기 시작하면 행복은 어디에도 없습니다.

그림책『팔랑팔랑』은 잠시나마 우리 마음에서 '빨랑빨랑'이라는 단어를 잊게 하는 위력을 지녔습니다. 지금 이 봄이 얼마나 아름다운지 멈춰서서 바라보게 됩니다. 그리고 내 옆에 있는 사람이 얼마나 소중한지 알려 줍니다. 그리고 그와 함께 이 아름다운 봄을 만끽하는 게 얼마나 행복한 일인지 깨우쳐 줍니다. 그림책『팔랑팔랑』은 이 아름다운 봄에 독자들 마음에 행복한 봄바람을 일으켜 줍니다. 살랑살랑.

흑백 세상에 빨강 모자
『심부름 가는 길에』

미야코시 아키코 글·그림 | 김숙 옮김 | 북뱅크

심부름 가는 길에

심부름 가는 길에. 참 멋없는 제목입니다. 왠지 주인공이 심부름 가는 길에 나도 뭔가 부탁하고 싶을 정도입니다. 아마도 심부름 가는 길에 생긴 일을 다룬 작품인가 봅니다. 그런데 별다른 기대가 생기질 않습니다. 도대체 심부름 가는 길에 뭐 대단한 일이 생기겠습니까?

게다가 작가는 성격도 급한 모양입니다. 보통은 속표지에 작은 그림과 더불어 저자 이름과 옮긴이 이름만 소개되는데, 그림책『심부름 가는 길에』에는 속표지부터 꽉 채운 그림과 함께 그림 하단에는 텍스트도 있습니다. 속표지부터 본격적으로 이야기를 시작하는 것입니다.

밤새 눈이 왔어요!

주인공 꼬마 키코가 일어났을 때 눈은 이미 그쳤습니다. 눈은 모두가 잠든 동안 온 세상을 하얗게 만들었습니다. 하지만 아빠는 따로 사시는 할머니가 걱정입니다. 이윽고 아빠는 할머니 집에 눈을 치우러 집을 나섭니다.

아빠가 집을 나선 뒤, 키코는 현관 의자 위에서 케이크 상자를 발견합니다. 할머니에게 갖다 드릴 케이크를 아빠가 깜빡하고 그냥 간 것입니다. 키코는 재빨리 집을 나섭니다. 서두르면 아빠에게 케이크를 전할 수 있을 겁니다.

할머니 집은 숲을 지나면 있습니다. 사각사각, 사각사각. 키코는 눈

조금 걸어가니 까만 외투를 입은 아빠 뒷모습이 보였습니다.
"아빠다!"
뛰어가려다가 키코는 그만 넘어지고 말았습니다.

케이크 상자가 찌그러져 버렸습니다.
"아, 어떡해."
키코는 눈물이 날 것 같았습니다.
아빠 뒷모습이 점점 멀어져갔습니다.
키코는 케이크 상자를 주워 들고 다시 뒤쫓아갔습니다.

위에 난 아빠 발자국을 따라 걷습니다. 조금 지나자 까만 외투를 입은 아빠가 보입니다. 반가운 마음에 달려가던 키코가 그만 눈길에 미끄러져 넘어집니다. 그 바람에 케이크 상자마저 찌그러집니다. 키코는 눈물이 날 것 같습니다. 그러는 사이 아빠는 점점 더 멀어져 갑니다. 키코는 눈물을 참고 케이크 상자를 주워서 자리에서 일어납니다.

과연 키코는 아빠의 걸음을 따라잡을 수 있을까요? 그래서 할머니에게 갖다 드릴 케이크를 아빠에게 무사히 전해 줄 수 있을까요? 찌그러진 상자 속의 케이크는 괜찮을까요? 눈 내린 숲길을 홀로 걷는 주인공 꼬마 키코를 따라가며 독자의 마음을 조마조마하게 만드는 그림책, 『심부름 가는 길에』입니다.

노랑머리 빨강 모자

『심부름 가는 길에』는 기본적으로 흑백 그림책입니다. 작가 미야코시 아키코는 하얀 눈으로 뒤덮인 숲을 하얀 종이 위에 흑백의 나무와 등장인물로 표현했습니다. 정말이지 눈 쌓인 겨울 풍경 그대로입니다. 주인공 꼬마 키코를 제외하면 말입니다.

미야코시 아키코는 주인공 키코에게만 색깔을 선물합니다. 바로 노랑머리와 빨강 모자 그리고 빨강 치마입니다. 마치 노랑머리는 키코의 밝고 긍정적인 성격을 상징하고, 빨강 모자와 빨강 치마는 키코의 순수하고 따뜻한 마음을 상징하는 것 같습니다.

실제로 주인공 키코는 아빠가 깜빡하고 두고 간 케이크 상자를 전해 주기 위해 열정적으로 집을 나섭니다. 할머니를 걱정하고 아빠를 돕고 싶은 따뜻한 마음을 지녔을 뿐만 아니라 그 마음을 행동으로 표현할 줄

아는 실천력도 지녔습니다.

그래서 주인공 키코의 노랑머리와 빨강 모자가 더욱 빛이 납니다. 사랑하는 마음을 품은 사람은 많습니다. 하지만 얼마나 많은 사람이 자신의 사랑을 표현하며 살고 있을까요? 아마 모든 사람이 품고 있는 사랑의 감정을 모두 표현한다면 세상은 훨씬 더 아름다운 곳이 될 겁니다.

위기에 빠진 키코

하지만 지금 주인공 꼬마 키코는 위기에 빠져 있습니다. 눈 쌓인 숲속에서 넘어졌습니다. 그 사이 아빠는 더 멀리 가 버렸고 할머니에게 드릴 케이크 상자는 찌그러졌습니다. 넘어져 부딪힌 다리도 아프고 눈물이 나지만 주저앉을 수도 없습니다.

이제 여러분이 키코라면 어떻게 하겠습니까? 계속 아빠를 찾아 따라가겠습니까? 아니면 그냥 집으로 돌아가겠습니까? 아니면 그 자리에 주저앉아 엉엉 울어 버리겠습니까?

주인공 키코는 울음을 참고 일어나 아빠를 찾아 다시 길을 나섭니다. 마침내 아빠를 따라잡습니다. 그리고 아주 놀라운 일이 벌어집니다. 이 놀라운 사건이 바로 그림책 『심부름 가는 길에』서 가장 매혹적인 하이라이트입니다.

사랑은 언제나 기적을 만든다!

우리는 그림책이나 영화나 드라마에서 마법 같은 기적을 만납니다. 정말 말도 안 되는 일이지요. 그런데 그렇게 말도 안 되는 일을 예술가들은 왜 예술 작품으로 만드는 걸까요?

"걱정 마! 케이크라면 여기 얼마든지 있어!"
동물들이 모두 한 목소리로 말하더니
서슴없이 자기 접시에 있는 케이크를 주었습니다.
숲에서 난 버섯이랑 과일이
촘촘히 박힌 케이크였습니다.

    사실은 정말 말도 안 되는, 기적 같은 일이 날마다 벌어지고 있기 때문입니다. 수많은 엄마 아빠들이 현실은 정말 죽을 것처럼 힘든데 아이들을 생각하면서 죽을 것 같은 현실을 버텨 냅니다. 심지어 아이들이 웃는 순간 죽을 것 같은 현실이 행복한 현실이 됩니다. 사랑하는 사람들은 어떤 난관도 극복하여 사랑을 이루고, 어떤 사람은 불치의 병조차 사랑의 힘으로 치유하기도 합니다.

    누군가를 진심으로 사랑한다면 기적은 날마다 일어납니다. 오늘 여러분에게는 어떤 기적이 일어났나요? 심부름 가는 길에도 사랑의 기적을 만나는 그림책, 『심부름 가는 길에』입니다.

우리가 돌보지 않아도 아름다운
『거리에 핀 꽃』

존 아노 로슨 기획 | 시드니 스미스 그림 | 국민서관

인생이 글 없는 그림책

그림책 『거리에 핀 꽃』은 글 없는 그림책입니다. 보통 어른들은 글 없는 그림책을 두려워합니다. 혹시나 자신이 이해하지 못할까 봐 두렵고, 누군가 물어볼까 봐 두렵습니다. 어른들이 이렇게 그림책 앞에서 두려움에 떨게 된 것은 바로 우리가 받은 교육 때문입니다.

우리가 받은 교육에는 정답이 하나밖에 없습니다. 하나의 작품에는 하나의 주제가 있습니다. 무엇보다 정답을 결정하는 주체가 내가 아닌 교과서를 만든 사람들입니다. 그런데 제가 경험한 바로는 우리가 받은 교육은 저를 행복하게 만들지 않았습니다. 우리가 받은 교육은 개인의 행복을 위한 교육이 아니라 사회의 효율을 위한 교육이었기 때문입니다.

내 인생의 주인공은 나입니다. 내가 본 예술 작품의 의미도 내 마음대로 느끼고 즐기고 발견하는 것입니다. 다른 사람들이 아무리 좋다고 해도 내가 싫으면 그만입니다. 다른 사람들이 아무리 옳다고 해도 내가 아니라고 생각하면 아닌 것입니다. 이제 저는 더 이상 남에게 정답이 뭐냐고 묻는 일은 하지 않습니다. 우리가 받은 교육이 우리를 겁쟁이로 만들었지만, 저는 더 이상 겁쟁이로 살고 싶지 않기 때문입니다.

사실 우리는 글 없는 그림책을 전혀 두려워할 필요가 없습니다. 영화나 드라마를 보듯이 재미있게 보면 됩니다. 그냥 눈이 가는 대로 따라가면 됩니다. 사람들은 누구나 그림책을 잘 읽을 수 있습니다. 그림도 잘 읽을 수 있습니다. 사람은 태어날 때부터 시각 언어를 해석할 능력과 그림으로 표현할 능력을 타고났기 때문입니다. 이 세상에는 시각 언어가 문자 언어보다 훨씬 더 많습니다. 다만 우리는 자신에게 필요한 것만 볼 뿐입니다. 우리가 사는 인생이 바로 글 없는 그림책입니다.

빨간 후드티를 입은 소녀

빨간 후드티를 입은 소녀가 아빠의 손을 잡고 길을 걷고 있습니다. 배경과 사람들 모두 흑백인데 소녀의 후드티만 빨간색입니다. 아빠는 다른 손에 빵 봉지를 들고 있습니다. 그런데 아빠에게 전화가 걸려 온 모양입니다. 아빠는 전화 통화를 하느라 잠시 소녀의 손을 놓습니다. 그때 소녀의 눈이 자전거를 묶어 놓은 쇠기둥 아래를 향합니다. 노란 민들레꽃이 소녀의 눈에 들어옵니다. 소녀는 노란 민들레꽃을 땁니다.

다채로운 색깔의 과일가게 앞에서 소녀는 민들레꽃 향기를 맡습니다. 그리고 아빠 곁에 서서 걷습니다. 아빠는 휴대 전화를 주머니에 넣고 다시 소녀의 손을 잡습니다. 그런데 이번에는 갈라진 벽 틈에 보랏빛 꽃이 피어 있습니다. 보랏빛 꽃이 소녀의 눈에 들어옵니다. 소녀는 보랏빛 꽃 몇 송이를 따서 향기를 맡습니다.

전차 정류장 근처에서, 잡화점 앞에서 아빠가 전화 통화를 할 때마다 소녀는 보도블록 틈 사이로 피어난 꽃들을 발견합니다. 그렇게 거리에 핀 꽃들을 따서 손안에 담습니다.

공원을 걷던 소녀가 잠시 아빠의 손을 놓습니다. 그런데 공원길에는

새 한 마리가 죽어 있습니다. 소녀는 주저앉아 죽은 새를 내려다봅니다. 이윽고 소녀는 다시 일어나 아빠에게 달려갑니다. 아빠는 소녀를 향해 손을 뻗고 있습니다. 그리고 길 위에 남겨진 죽은 새의 가슴엔 소녀가 나누어 준 꽃들이 있습니다.

거리에 핀 꽃을 나누어 주는 소녀

소녀는 아빠와 함께 집으로 가는 길에 계속해서 거리에 핀 꽃을 땁니다. 그리고 그 꽃들을 나누어 줍니다. 소녀는 죽은 새에게도 꽃을 나누

어 주고, 공원 벤치에서 자고 있는 아저씨에게도 꽃을 나누어 줍니다. 그리고 길에서 만난 개에게도 꽃을 나누어 줍니다.

소녀는 왜 자꾸 거리에 핀 꽃을 딸까요? 소녀는 왜 그 꽃들을 자꾸 누군가에게 나누어 줄까요? 도대체 이 소녀에게는 어떤 사연이 숨겨져 있는 걸까요?

거리에 핀 꽃

거리에 핀 꽃을 본 적이 있습니까? 보도블록 틈 사이로 자라나는 이름 모를 식물과 그 꽃을 본 적이 있습니까? 우리가 보지 않는 곳에도 아름다운 꽃들이 있습니다. 우리가 보지 못하는 곳에도 아름다운 꽃들이 있습니다. 세상에는 우리가 돌보지 않는 꽃들이 있습니다.

우리가 모르는 사이에 그 아름다운 꽃들은 길 위에서 죽기도 하고 벤치 위에 버려지기도 하고 누군가에게 입양되기도 합니다. 분명한 것은 우리에게 누군가와 함께 나눌 사랑이 있다는 사실입니다. 우리에게는 거리에 핀 꽃처럼 아름다운 아이들과 동물들이 있습니다. 그림책『거리에 핀 꽃』처럼 아름다운 아이들과 동물들이 우리를 기다립니다.

한 사람의 늙음에 바친 찬사
『오필리아의 그림자 극장』

미하엘 엔데 글 | 프리드리히 헤헬만 그림 | 문성원 옮김 | 베틀북

오필리아, 그림자, 극장

오필리아, 그림자, 극장. 연극이나 영화를 좋아하는 사람들에게 이보다 더 매력적인 단어들이 있을까요? 셰익스피어의 『햄릿』을 본 사람들은 오필리아를 잊을 수 없을 겁니다. 작품 안에서 가장 순수하고 아름다운 인물이지만 가장 비극적이고 억울한 운명을 받아들여야 했기 때문입니다. 영화 〈햄릿〉을 보고 나서 오필리아 역할을 맡은 헬레나 본햄 카터가 오래도록 잊히지 않았습니다. 지금도 다른 배역을 맡은 배우들은 아무도 기억이 나지 않습니다.

그림자 역시 신비하고 매혹적입니다. 연극과 영화와 인생이 모두 빛과 그림자가 빚어내는 드라마이기 때문입니다. 그리고 극장. 도대체 극장 안과 극장 밖 가운데 어느 쪽이 진짜 인생일까요? 어쩌면 극장 안에 진짜 인생이 있고 극장 밖에는 막장 드라마가 있는지도 모릅니다. 『오필리아의 그림자 극장』은 제목부터 흥미를 확 끌어당깁니다.

배우가 될 수 없는 오필리아

이 작품의 주인공은 당연히 오필리아입니다. 그런데 『햄릿』의 여주인공 오필리아가 아니라 그냥 주인공 할머니의 이름이 오필리아입니다. 오필리아의 부모님은 오필리아가 태어났을 때 커서 아주 유명한 배우가 되기를 바랐습니다. 그래서 '오필리아'라는 이름을 지어 주었습니다. 하지만 오필리아는 배우가 될 수 없었습니다. 왜냐하면… 오필리아는 이상하게도, 목소리가 너무너무 작았습니다.

그래도 오필리아는 연극을 사랑했습니다. 아무리 하찮은 일이라도 연극과 관련된 일을 하고 싶었습니다. 그래서 오필리아는 연극 무대 옆의 작은 상자에서 배우들이 대사를 잊지 않도록 대사를 불러 주는 일을 하게 되었습니다. 오필리아의 목소리는 배우들에게 들릴 만큼 컸고, 관객들이 듣지 못할 만큼 작았습니다. 그야말로 오필리아에게 딱 맞는 일이었습니다.

오필리아, 그림자를 만나다

하지만 세월이 흐르고 오필리아는 할머니가 되었습니다. 연극 극장 말고도 영화관이 생기고 텔레비전이 만들어졌습니다. 다른 볼거리도 많아졌지요. 사람들은 이제 연극을 보려면 대도시로 갔습니다. 유명한 배우들이 출연하는 연극을 보기 위해서지요. 결국 오필리아 할머니가 평생을 일한 극장도 문을 닫게 되었습니다.

마지막 공연을 마치고 오필리아 할머니는 텅 빈 극장에 혼자 남았습니다. 평생을 함께해 온 작은 상자 속에 앉아서 살아온 날들을 돌아보았습니다. 그런데 갑자기 무대 위로 그림자 하나가 나타났습니다. 그림자는 커졌다 작아졌다 하면서 이리저리 움직였습니다. 이상한 점은 그림자는 있는데 아무도 보이지 않는다는 사실이었습니다. 정말 무대에 아무도 없다면 도대체 누가 어떻게 그림자를 드리우는 걸까요?

늙음에 찬사를 보내다

『오필리아의 그림자 극장』의 첫 장면은 제 심장을 쿵 하고 내려앉게 만들었습니다. 물론 원편에 소설책처럼 빽빽하게 들어찬 텍스트 때문은 아니었습니다. 제 심장을 내려앉게 만든 것은 바로 오른편의 그림이었습니다. 오른편의 그림에서 오필리아 할머니는 작은 나무 상자 속에 다소곳이 앉아 인자하고 상냥한 미소를 머금고 있었습니다.

미소 짓는 할머니의 모습이 왜 그렇게 인상적이었을까요? 그림 작가 프리드리히 헤헬만은 오필리아 할머니의 모습을 아무런 미화 없이 너무나 대담하고 사실적으로 그렸습니다. 사실 많은 그림책 속에서 노인의 모습을 미화하여 표현하는 경향이 있습니다. 많은 작가가 죽음을 두려워하듯이 늙음을 있는 그대로 표현하는 것을 두려워하기 때문입니다.

그런데 프리드리히 헤헬만은 달랐습니다. 헤헬만은 사진의 아웃포커싱 효과(주인공 피사체만 선명하게 찍고 배경은 흐릿하게 하는 기술.)를 이용하듯이 할머니의 주름진 얼굴은 선명하게 표현하고 나머지는 흐리게 표현했습니다. 처음에는 할머니의 주름진 얼굴이 독자들에게 오랜 세월과

슬픔으로 다가옵니다. 하지만 할머니가 머금은 미소는 그 오랜 세월과 슬픔을 찬란한 아름다움으로 바꾸어 놓습니다. 마치 헤헬만이 한 사람의 늙음에 찬사를 보내는 것 같습니다.

정말 행복한 사람은

『오필리아의 그림자 극장』은 젊은 독자에게 엄청난 즐거움을 선사합니다. 미하엘 엔데가 만든 환상적인 세계는 독자의 상상력을 무한히 자극합니다. 따라서 누구든 이 작품을 보면 연극이나 영화로 만들고 싶은 욕망을 갖게 됩니다.

그림 작가인 프리드리히 헤헬만 역시 빛과 그림자만으로 환상을 만드는 데 주력해서 독자들의 자유로운 상상을 더욱 자극합니다. 표지가 처음엔 눈에 잘 띄지 않는 것도 바로 그런 이유입니다. 헤헬만의 그림은 독자들의 상상력만 자극할 뿐 사실은 아무것도 보여 주지 않는, 아주 놀라운 그림입니다.

그럼에도 불구하고 저는 이 책을 읽는 내내 마음이 아팠습니다. 환상적인 이야기인데 신비하지가 않고 오히려 사실적으로 다가왔습니다. 마음엔 계속 비가 내렸습니다. 오필리아 할머니는 모든 그림자를 기꺼이 받아 주는데 제 마음은 더욱 슬퍼졌습니다. 그리고 마침내 오필리아 할머니가 하숙집에서 쫓겨날 때는 눈물이 났습니다. 제가 주책일까요? 아니면 제가 너무 늙어서일까요?

제가 그렇게 슬펐던 이유는 오필리아 할머니의 삶 때문이 아니라 오필리아 할머니의 삶을 존중하지 않는 현실 때문이었습니다. 행복한 삶은 어떤 분야에서 꼭 일등이 되거나 주인공이 되는 것이 아니라 그저 좋아하는 일을 하는 것입니다. 진정 행복한 사람은 오필리아 할머니를 내쫓은 사람들이 아니라, 평생 작은 상자 안에서 배우들에게 대사를 불러 준 오필리아 할머니입니다.

시에 깃든 그림 이야기
『눈 내리는 저녁 숲가에 멈춰 서서』

로버트 프로스트 시 | 수잔 제퍼스 그림
이상희 옮김 | 살림어린이

시와 그림책이 만나다

우선 그림책 『눈 내리는 저녁 숲가에 멈춰 서서』의 원작이자 영감을 준 프로스트의 시를 함께 읽어 보면 좋겠습니다. 물론 책에서는 이상희 선생님이 옮겨 주신 곱고 아름다운 우리말 번역문을 만나 볼 수 있습니다. 부디 책으로 직접 확인하시기 바랍니다.

오늘은 좀 유치하지만 제가 옮긴 우리말로 프로스트의 시를 만나 보지요.

눈 내리는 저녁 숲에서

-로버트 프로스트 시(이루리 옮김)

이게 누구네 숲인지 알 것 같아.
하지만 그는 지금 마을에 살아,
내가 여기 있는 줄도 모를 거야.
눈 덮인 자기 숲을 보는 줄도 모를 거야.

어린 말은 이상하게 여길 테지,
왜 농가도 없는 곳에 서 있는지.
얼어붙은 연못과 숲 사이에,
한 해 가운데 가장 어두운 저녁에.

어린 말이 방울을 흔들어 묻네.
뭔가 잘못된 건 아니냐고 묻네.
들리는 건 스쳐가는 바람 소리뿐,
들리는 건 흩날리는 눈보라 소리뿐.

숲은 깊고 어둡고 사랑스럽지.
하지만 나에게는 지켜야 할 약속이 있지.
잠들기 전에 아주 먼 길을 가야 하네,
잠들기 전에 아주 먼 길을 가야 하네.

여러분 마음에는 어떤 그림이 그려지나요? 제 눈에는 동짓날 저녁 눈 덮인 숲에 들어가서 겨울 정취를 만끽하는 한 사내의 모습이 보입니다. 남의 숲에 들어가서 '이게 자네 숲이면 뭐하나? 자넨 마을에 살고 숲엔 내가 있는데!'라며 혼자 숲을 즐기는 모습이 좀 통쾌합니다. 어린 말은 자기가 왜 이 밤에 숲속에 있는지 궁금하기만 하겠지요. 하지만 사내는 바람 소리, 눈보라 소리만 들리는, 깊고 어두운 숲이 참 사랑스럽습니다. 물론 그에겐 할 일이 있지요. 아직 가야 할 길도 멀고요.

재미있는 사실은 한 편의 시에 대해 세 사람, 즉 그림 작가인 수잔 제퍼스와 번역자인 이상희 선생님과 독자인 제가 서로 다른 상상을 하고 서로 다른 서정을 느낀다는 점입니다. 만약 제가 그림 작가라면 이 시를 읽고 다른 그림을 그렸을 겁니다. 아마 이상희 선생님도 다른 그림을 그렸을 겁니다.

그렇다면 실제 그림 작가인 수잔 제퍼스는 이 시를 보고 어떤 상상을 하고 어떤 그림을 그렸을까요? 이 책을 보기 전에 이 시를 읽은 독자라면 아마도 수잔 제퍼스의 그림을 보고 전부 다 기절할지도 모릅니다!

그림이 사진보다 아름다운 이유

깜깜한 밤에 눈보라가 칩니다. 키가 크고 가지도 많은 나무 위에는 눈꽃이 활짝 피었습니다. 그리고 나무 아래로 누군가 말이 끄는 썰매를 타고 갑니다. 표지 그림에 담긴 이야기입니다. 무엇보다 눈꽃으로 뒤덮인 커다란 나무가 독자들의 시선을 확 끌어당깁니다.

수잔 제퍼스는 흑백의 소묘로 눈 내리는 밤 풍경의 아름다움을 기막히게 포착해 냈습니다. 다만 나무 아래 썰매를 탄 사람만 컬러로 그렸습니다. 수잔 제퍼스의 그림은 사실적인 사진보다 인상적인 그림이 얼마나 더 아름다운지를 똑똑히 보여 줍니다.

아마 썰매를 탄 사람이 그림책의 주인공인 모양입니다. 그럼 도대체 이 사람은 누구일까요?

썰매를 타고 여행을 떠나는 할아버지

속표지를 펼치면 말들이 흰머리에 흰 수염을 수북이 기른 할아버지를 다정하게 에워싸고 있습니다. 옆에는 썰매가 있습니다. 아마도 할아버지는 어디론가 먼 길을 떠나는 모양입니다. 할아버지는 원래 농장을 하시는지 다른 동물도 많이 보입니다. 양, 오리, 소, 닭 등 여러 동물이 자유롭게 할아버지 곁을 지키고 있습니다.

더욱 재미있는 사실은 작은 속표지를 넘기면 두 페이지를 꽉 채운 두 번째 속표지가 나온다는 겁니다. 눈 쌓인 벌판에 세 마리 여우 가족이 화면 좌우로 앉아 있습니다. 그리고 저 멀리 언덕 위로는 주인공 할아버지가 말이 끄는 썰매를 타고 길을 떠납니다.

그런데 이게 참 놀라운 한 수입니다. 독자들은 자기도 모르게 할아버지의 썰매를 따라 눈 내리는 저녁 여행을 떠나게 됩니다.

그림이 스스로 이야기하는 '그림책'

여러분은 이미 프로스트의 시를 읽었습니다. 이 그림책에서 텍스트는 프로스트의 시가 전부입니다. 하지만 이제 그림 속에는 프로스트의 시를 더욱 아름답고 풍부하게 만드는 이야기가 펼쳐집니다. 과연 수잔 제퍼스는 그림 속에 어떤 이야기를 담아냈을까요?

한 해 중 가장 어두운 저녁,
숲과 꽁꽁 얼어붙은 호수 사이에 서서

아마도 눈치가 빠른 독자들은 '한 해 가운데 가장 어두운 저녁에'라는 구절과 할아버지와 썰매를 연결시킬 것입니다. 그렇다면 할아버지는 누구일까요? 네! 할아버지는 바로 산타클로스입니다. 이미 잘 알려진 대로 크리스마스는 옛날 서양의 동지 축제에서 비롯되었다고 합니다. 그리고 이 사실이 수잔 제퍼스의 상상력을 더욱 자극했을 것입니다. 하지만 수잔 제퍼스가 창조한 산타클로스는 완전히 새롭습니다.

그림책『눈 내리는 저녁 숲가에 멈춰 서서』는 그림책이 왜 온전히 새롭고 독립된 예술인지를 '그림으로' 보여 줍니다. 이 책에서 프로스트의 시는 수잔 제퍼스의 상상력을 거들 뿐 이 그림책의 이야기는 수잔 제퍼스에 의해 새롭게 만들어진 것이기 때문입니다.

과연 수잔 제퍼스가 만든 산타클로스는 눈 내리는 저녁 숲에 멈춰 서서 무엇을 했을까요?

기적 같은 일이 벌어지다
『공원을 헤엄치는 붉은 물고기』

곤살로 모우레 글 | 알리시아 바렐라 그림
이순영 옮김 | 북극곰

아주 특별한 경험

오늘 저는 아주 특별한 경험을 했습니다. 시각 장애를 지닌 어린이들에게 그림책을 읽어 준 것입니다. 아마 앞이 보이지 않는 어린이에게 시각예술인 그림책을 읽어 주는 게 말도 안 되는 일이라고 생각하는 분도 있겠지요.

하지만 어린이들과 저는 함께 그림책을 보고 나눌 수 있어서 정말 행복했습니다. 다만 '정상'이라고 불리는 어린이들과 함께하지 못한 점이 아쉬웠을 뿐입니다. 그런데 앞을 볼 수 없는 어린이들이 어떻게 시각예술인 그림책을 보았을까요?

400번의구타

제가 해외 도서전에 갈 때마다 만나는 캐나다 출판사 '400번의구타'의 대표인 시몽은 그림책 마니아입니다. 또한 시몽은 그림책을 가장 재미있게 읽어 주는 사람입니다. 때로는 그림책이 정말 재미있는 건지 아니면 그저 시몽이 재미있게 읽어 주는 건지 알 수가 없을 정도입니다.

그럼에도 불구하고 제 맘에 딱 맞는 책을 찾기란 쉽지가 않았습니다. 언젠가 저는 시몽에게 정말 재미있는 책을 보여 달라고 떼를 썼습니다.

그러자 시몽이 그림책 한 권을 내놓았습니다.

글 없는 그림책

글 없는 그림책이었습니다. 책을 펼치자 온갖 등장인물이 가득 찬 공원이 나타났습니다. 시몽은 제게 한 사람을 선택해 보라고 했습니다. 저는 맨 왼쪽 하단에서 장바구니를 들고 힘겹게 걷고 있는 할머니를 가리켰습니다. 시몽이 책장을 넘겼습니다.

다음 페이지에서 할머니는 어지럼증을 느끼고 손에서 장바구니를 놓칩니다. 할머니는 가로등에 기대섰다가 급기야 중심을 잃고 쓰러집니다. 할머니는 가로등에 간신이 기대고 있지만 아무도 도와주지 않습니다. 모두 제 갈 길을 가느라 바쁩니다. 그때 기적 같은 일이 벌어집니다. 지나쳐 갔던 한 노인이 돌아와 할머니의 손을 잡아 준 것입니다!

정말 신기하고 놀라웠습니다. 등장인물을 따라 열두 장의 그림을 들여다보면 아름다운 드라마가 만들어졌습니다. 저는 시몽에게 당장 이 책을 계약하고 싶다고 했습니다. 하지만 시몽은 빙긋이 웃으며 그 책은 자기네 책이 아니라고 했습니다.

공원을 헤엄치는 붉은 물고기

바로 그 책이 『공원을 헤엄치는 붉은 물고기』입니다. 스페인의 SM 출판사에서 출간한 책을 한국 사람인 제가 독일 프랑크푸르트에 가서 캐나다 사람 시몽으로부터 소개받은 것입니다. 붉은 물고기는 스페인의 공원뿐만 아니라 온 세상을 헤엄치며 기적을 일으키고 있었습니다.

더욱 놀라운 일은 한국에 돌아와서 벌어졌습니다. 스페인어판 『공원을 헤엄치는 붉은 물고기』를 받고 보니 커버 안쪽에는 편지 한 통이 붙어 있었습니다. 그것은 책 속 등장인물에 관한, 일곱 편의 아름답고 환상적인 문학 작품이었습니다. 바로 이 책의 기획자이자 글 작가인 곤살로 모우레의 작품이었지요.

알리시아 바렐라가 그린 열두 장의 그림과 곤살로 모우레가 쓴 일곱 편의 글이 만나 한 권의 아름다운 그림책이 만들어졌습니다. 무엇보다 이 책을 읽는 모든 이는 사람들 사이를 헤엄치는 붉은 물고기를 발견하게 됩니다. 그리고 곧 붉은 물고기는 사랑의 기적을 일으킵니다.

마음이 봅니다

우리에게는 두 가지 눈이 있습니다. 하나는 우리 몸에 있는 눈이고, 또 하나는 우리 마음에 있는 눈입니다. 하지만 중요한 것은 눈에 보이지 않습니다. 진심은 마음의 눈으로만 볼 수 있습니다. 따라서 앞을 볼 수 없는 이와 앞을 볼 수 있는 이가 함께 그림책을 볼 수 있습니다. 그림책에 담긴 진심은 마음의 눈으로만 볼 수 있기 때문입니다.

오늘 만난 어린이들에게 소원을 한 가지씩 말해 보자고 했습니다. 그런데 아무도 자신이 앞을 보고 싶다는 소원을 말하지 않았습니다. 오히려 어린이들은 엄마 아빠가 하시는 일이 잘되는 게 소원이라고 했습니다. 어린이들은 엄마 아빠를 진심으로 사랑하고 있었습니다.

『공원을 헤엄치는 붉은 물고기』에는 곤살로 모우레와 알리시아 바렐라의 진심이 보입니다. 곤살로 모우레와 알리시아 바렐라는 사람들 사이에 일어나는 사랑의 기적을 믿습니다.

잊지 못할 선물
『리틀 산타』

마루야마 요코 지음 | 정회성 옮김 | 미디어창비

기러기 아빠

어제는 오랜만에 동아리 후배들이 모였습니다. 다들 사는 게 바쁘다 보니 몇 년에 한 번 누군가 외국에 나가 살 일이 있을 때, 또는 경조사가 있을 때 얼굴을 봅니다. 이번에도 한 후배네 가족이 캐나다로 가기 전에 얼굴을 보러 모였습니다. 여자 후배인 아내가 아이들을 데리고 캐나다로 가고, 남자 후배인 남편은 한국에 남아서 기러기 아빠가 되기로 한 것입니다. 점잖은 체하는 글과 달리 일상생활에서 직설법을 좋아하는 저는 남자 후배에게 이렇게 말했습니다.

"너도 가라. 가족은 함께 있어야지."

언제나 직설적이고 이상적인 말만 던지는 저를 녀석들은 한심한 듯 쳐다보았습니다. 녀석들 눈빛에는 '그럼 돈은 누가 벌라고?' 하는 질문이 보입니다. 물론 저도 한소리 하고 싶지만, 꾹 참습니다.

'야! 중요한 건 돈이 아니야. 네 아이들은 유학이 아니라 바로 네가 필요한 거야!'

그건 그저 제 생각일 뿐이니까요.

산타클로스 아들의 소원

최근에 본 그림책 가운데 『리틀 산타』가 있습니다. 한 꼬마가 주인공인데요. 재미있는 것은 꼬마의 아빠가 산타클로스라는 사실입니다. 물론 믿기 어려운 일이지요. 하지만 여러분도 아시다시피 주인공이 그렇다면 그런 겁니다. 그래서 주인공 가족은 일 년 내내 크리스마스를 준비합니다. 농부가 농사를 짓듯이 산타클로스 가족은 사슴을 기르고 선물을 준비합니다.

하지만 크리스마스가 다가올수록 꼬마는 기분이 좋지 않습니다. 산타클로스의 자녀는 크리스마스이브를 혼자서 보내야 하기 때문입니다. 참 아이러니가 아닐 수 없습니다. 크리스마스 전날 밤, 세상 모든 어린이에게 선물을 가져다주는 산타클로스가 정작 자기 아이에게는 외로운 밤을 선물하는 것입니다.

그래서 꼬마에게는 소망이 있습니다. 바로 크리스마스이브에 아빠와 함께 지내는 것입니다. 꼬마는 맨 먼저 떠오른 별에게 크리스마스이브에 아빠와 함께 있고 싶다고 소원을 빕니다. 누구나 알고 있듯이 소원은 이루어지는 법입니다. 마침내 소년의 소원이 이루어집니다. 조금 이상한 방식으로 말입니다. 세상에! 크리스마스 전날, 아빠가 다리를 다치고만 것입니다.

온 세상 어린이가 산타클로스를 기다리고 있는데 산타클로스는 다리를 다쳐서 선물을 주러 갈 수가 없습니다. 대신 선물을 주러 갈 다른 산타클로스도 없습니다. 그렇다고 주인공 꼬마를 탓할 수도 없습니다. 꼬마는 아빠와 함께 있고 싶었을 뿐 아빠가 다치길 바란 건 전혀 아니었으니까요. 이제 주인공 꼬마와 아빠 산타클로스는 이 엄청난 문제를 어떻게 해결할까요?

진정한 선물

아마도 여러분은 제목인 『리틀 산타』에서 눈치를 챘겠지요? 우리의 주인공 꼬마가 아빠 산타클로스 대신 선물 배달을 갑니다. 어쩌면 조금 스포일러가 될지도 모르는 이야기를 이렇게 쏟아내는 건, 그림책 『리틀 산타』에는 '리틀 산타'가 아빠 산타 대신 선물을 배달한 이야기보다 훨씬 더 재미있는 이야기가 담겨 있기 때문입니다. 『리틀 산타』는 꼬마 산타의 이야기이면서 동시에 진정한 선물에 관한 이야기입니다.

제게도 잊지 못할 선물이 있습니다. 초등학교 1학년 때의 일입니다. 학교에서 집으로 돌아가는 길에 선물 가게에서 하얀 곰 인형을 보았습니다. 너무나 포근하고 예뻤습니다. 아빠를 졸라 다시 선물 가게에 갔습니다. 하지만 아빠는 선물 가게에 들어가서 가격을 묻고 그냥 나왔습니다. 아빠가 사기에는 너무 비싼 인형이었던 모양입니다. 그런데 아빠는 정말 그 곰 인형을 사 주고 싶었나 봅니다. 그날부터 저는 북극곰과 사랑에 빠졌으니 말입니다.

얼굴 없는 산타클로스

그림책 『리틀 산타』의 가장 큰 매력은 얼굴 없는 산타클로스입니다. 산타클로스는 등장하지만 얼굴을 보여 주지 않습니다. 주인공 꼬마의 얼굴은 보여 주면서도 아빠의 얼굴은 보여 주지 않는 것입니다. 왜일까요?

물론 저는 여러분의 상상력을 방해하고 싶지 않습니다. 저는 제 마음대로 산타클로스의 모습을 상상할 것입니다. 여러분은 여러분 마음대로 산타클로스의 모습을 상상하십시오. 마음속의 산타클로스는 저마다 다를 테니까요. 여러분 부모님의 모습이 모두 다른 것처럼 말입니다. 또 누군가의 산타클로스는 부모님이 아닌 다른 분일 수도 있지요.

세상의 모든 부모님과 산타클로스께 당부드립니다. 진정 어린이를 사랑한다면 돈과 선물보다는 함께 지내는 시간을, 아름다운 추억을 선물하십시오. 여러분은 모두 얼굴 없는 산타클로스이고, 아이는 여러분을 간절히 기다리는 산타클로스의 아이니까요.

내 눈에서 행복한 변화가 시작되다
『한밤의 정원사』

테리 펜, 에릭 펜 글·그림 | 이순영 옮김 | 북극곰

부엉이 나무

창밖에서 사람들이 웅성거리는 소리가 들립니다. 창밖을 내다보던 윌리엄은 너무 궁금해서 재빨리 계단을 뛰어 내려갑니다. 세상에! 하룻밤 사이에 마법처럼 부엉이 나무가 나타났습니다. 윌리엄이 사는 '그림로치 보육원' 바로 앞에 서 있던 평범한 나무가 멋진 부엉이 나무로 변신한 것입니다.

다음 날 아침에는 윌리엄이 기대한 것보다 훨씬 더 놀라운 일이 벌어집니다. 누군가 나무 두 그루를 이어서 거대한 고양이 나무를 만든 것입니다. 고양이들은 고양이 나무가 진짜 고양이인 줄 아는 모양입니다. 동네 고양이들이 모두 고양이 나무 주위로 모여듭니다.

매일매일 새로운 나무 조각이 나타납니다. 어느 날엔 귀여운 토끼 나무가 생기고, 또 어느 날엔 예쁜 앵무새 나무도 나타납니다. 장난꾸러기 아기 코끼리 나무도 생깁니다. 무엇보다 마을 사람들에게 아주 특별한 변화가 생깁니다. 아주 특별하고도 행복한 변화 말입니다.

과연 마을 사람들에게 생긴 행복한 변화는 무엇일까요? 그리고 도대체 누가 밤마다 아름다운 나무 조각을 만든 걸까요? 궁금한 게 한두 가지가 아닙니다.

우리는 눈에 보이는 것을 보지 못한다

그림책 『한밤의 정원사』는 '글을 보는 사람'이 보는 이야기와 '그림을 보는 사람'이 보는 이야기가 전혀 다른 그림책입니다. 앞에 소개한 『한

『밤의 정원사』의 이야기는 '글만 보는 사람'이 본 이야기입니다. 그렇다면 그림을 보는 사람은 어떤 이야기를 보게 될까요?

나뭇가지를 패턴으로 만든 면지를 넘기면 서지 정보가 담긴 페이지가 나옵니다. 거리의 이정표에는 그림로치가(街)라고 쓰여 있습니다. 길은 길고 곧게 뻗어 있지만 왠지 쓸쓸한 느낌입니다. 하늘은 흐리고 인도를 따라 걸어가는 사람들 모두 삶에 지친 모습입니다. 모두 구부정한 모습으로 무거운 짐을 들고 있습니다. 한 여자아이가 테라스에서 지나가는 사람들을 구경하고 있습니다. 여자아이의 표정 역시 지루하고 시무룩합니다.

그런데 마을 사람들과는 대조적으로 아주 씩씩하고 힘차게 걷는 사람이 보입니다. 그 사람은 그림 왼쪽 아래에서 등장합니다. 왼쪽 아래는 그림책에서 이야기가 시작되는 곳이기도 합니다. 왼팔엔 사다리를 들고, 오른쪽 어깨엔 가벼운 가방과 담요를 이고, 오른손엔 지팡이를 들고 활기차게 걸어가고 있습니다.

바로 다음 장은 헌사 페이지입니다. 이 장면에서 활기찬 신사의 얼굴이 보입니다. 안경을 쓰고 하얀 콧수염을 덥수룩하게 기른 할아버지입니다. 하지만 얼굴이 노인일 뿐 체격이나 걸음걸이 모두 청년처럼 보입니다. 특히 깔끔하게 차려입은 양복 윗주머니에는 손수건 대신 나뭇잎이 꽂혀 있습니다. 할아버지는 씩씩하게 길을 따라 걸어갑니다.

길가에서는 한 소년이 작은 통나무에 주저앉아 나뭇가지로 땅바닥에 부엉이를 그리고 있습니다. 오른쪽 페이지에서는 밤이 되자 할아버지가 나무 아래 담요를 펼치고 나무 조각에 필요한 도구를 담요 위에 늘어놓습니다. 사다리는 이미 나무에 기대어 서 있습니다.

그리고 마침내 속표지가 담긴 페이지가 나타납니다. 한가운데에 '그림로치 보육원'이라고 쓰인 건물이 보입니다. 건물 왼편 앞 나무에서는 할아버지가 나무를 다듬고 있습니다. 건물 오른편에는 또 다른 나무가 있고, 그 아래엔 전날 소년이 의자 삼아 앉았던 작은 통나무와 땅바닥에 그려 놓은 부엉이가 보입니다.

그렇습니다. 길가에서 부엉이를 그린 소년이 바로 주인공 윌리엄이고, 이 활기찬 할아버지가 바로 또 다른 주인공인 한밤의 정원사입니다. 이제 날이 밝게 되면 주인공 윌리엄과 글만 보는 독자들이 밤새 만들어진 부엉이 나무를 보고 깜짝 놀라게 될 것입니다.

나에게 '시각'을 되찾아 준 그림책

제가 서른 살에 만난 그림책은 저에게 '시각'을 되찾아 주었습니다. 그림책을 만나기 전까지 저는 제 눈보다 문자를 믿었습니다. 심지어 그림책을 보면서도 그림이 아닌 글자를 보고 있었습니다. 내 자신의 눈이 아니라 완전히 문자와 정답에만 의존하고 있었기 때문입니다. 문자와 정답에 의존하는 교육은 우리를 눈에 뻔히 보이는 것조차 볼 수 없는 바보로 만들었습니다. 가짜 뉴스가 판을 치고 선악을 구별하기 어려운 현실 뒤에는 우리를 바보로 만든, 이상한 교육 제도가 있습니다.

다행인 것은 이 이상한 교육 제도 안에서도 사랑과 믿음으로 우리를 이끌어 준 선생님이 많다는 사실입니다. 인생은 직접 눈으로 보고 몸으로 느끼고 마음으로 발견하는 거라고, 인생은 스스로의 힘으로 살아가는 거라고 가르쳐 준 여러 선생님께 사랑과 존경의 마음을 전합니다. 이것이 바로 『한밤의 정원사』가 저와 윌리엄과 마을 사람들에게 준 선물입니다.

| 이 책에 실린 그림책 목록(가나다 순) |

번호	제목	글 작가	그림 작가	옮긴이	출판사
1	간식을 먹으러 온 호랑이	주디스 커	주디스 커	최정선	보림
2	거리에 핀 꽃	존 아노 로슨(기획)	시드니 스미스		국민서관
3	고집불통 4번 양	마르가리타 델 마소	구리디	김지애	라임
4	곰 세 마리	폴 갤돈	폴 갤돈	허은실	보림
5	공원을 헤엄치는 붉은 물고기	곤살로 모우레	알리시아 바렐라	이순영	북극곰
6	나는 기다립니다…	다비드 칼리	세르주 블로크	안수연	문학동네
7	나르와 눈사람	캅사르 투르디예바	정진호	이미하일	비룡소
8	내 마음속에는	차재혁	최은영		노란상상
9	누가 상상이나 할까요?	주디스 커	주디스 커	공경희	웅진주니어
10	눈 내리는 저녁 숲가에 멈춰 서서	로버트 프로스트	수잔 제퍼스	이상희	살림어린이
11	다 붙어 버렸어!	올리버 제퍼스	올리버 제퍼스	박선하	주니어김영사
12	다시 돌아온 조지와 마사	제임스 마셜	제임스 마셜	윤여림	논장
13	돌이 척척 개구리 쿵쿵	김정은	김경주		한솔수북
14	돼지꿈	김성미	김성미		북극곰
15	로쿠베, 조금만 기다려	하이타니 겐지로	초 신타	햇살과나무꾼	양철북
16	리틀 산타	마루야마 요코	마루야마 요코	정희성	미디어창비
17	머릿니	엘리즈 그라벨	엘리즈 그라벨	권지현	씨드북
18	몬스터 콜스	페트릭 네스	짐 케이	홍한별	웅진주니어
19	버스를 타고	아라이 료지	아라이 료지	김난주	보림
20	빨간 열매	이지은	이지은		사계절
21	빨강 크레용의 이야기	마이클 홀	마이클 홀	김하늬	봄봄
22	뼈를 도둑맞았어요!	장뤼크 프로망탈	조엘 졸리베	최정수	보림
23	사과나무 위의 죽음	카트린 셰러	카트린 셰러	박선주	푸른날개
24	새내기 유령	로버트 헌터	로버트 헌터	맹슬기	에디시옹장물랭
25	시간 상자	데이비드 위즈너	데이비드 위즈너		시공주니어
26	심부름 가는 길에	미야코시 아키코	미야코시 아키코	김숙	북뱅크
27	심야 이동도서관	오드리 니페네거	오드리 니페네거	권예리	이숲
28	아무것도 아닌 단추	캐리스 메리클 하퍼	캐리스 메리클 하퍼	이순영	북극곰
29	악어 씨의 직업	조반나 조볼리(기획)	마리아키아라 디 조르지오		한솔수북
30	안녕, 블립	스티브 안토니	스티브 안토니	편집부	우리동네책공장

번호	제목	글 작가	그림 작가	옮긴이	출판사
31	알	이기훈	이기훈		비룡소
32	양들의 왕 루이 1세	올리비에 탈레크	올리비에 탈레크	이순영	북극곰
33	어느 개 이야기	가브리엘 뱅상	가브리엘 뱅상		열린책들
34	어느 날, 아무 이유도 없이	다비드 칼리	모니카 바렌고	유영미	책빛
35	엉터리 집배원	장세현	장세현		어린이작가정신
36	오늘은 5월 18일	서진선	서진선		보림
37	오싹오싹 팬티	에런 레이놀즈	피터 브라운	홍연미	토토북
38	오필리아의 그림자 극장	미하엘 엔데	프리드리히 헤헬만	문성원	베틀북
39	왜냐면…	안녕달	안녕달		책읽는곰
40	우리 아빠는 위대한 해적	다비드 칼리	마우리치오 A. C. 콰렐로	박우숙	현북스
41	이름 짓기 좋아하는 할머니	신시아 라일런트	캐스린 브라운	신형건	보물창고
42	이보다 멋진 선물은 없어	패트릭 맥도넬	패트릭 맥도넬	신현림	나는별
43	이제 그만 일어나, 월터!	로레인 프렌시스	피터 고우더사보스	유수현	소원나무
44	인어 소녀	도나 조 나폴리	데이비드 위즈너	심연희	보물창고
45	집으로 가는 길	하이로 보이트라고	라파엘 요크텡	김정하	노란상상
46	친절한 행동	재클린 우드슨	E. B. 루이스	김선희	북극곰
47	커럼포의 왕 로보	윌리엄 그릴	윌리엄 그릴	박중서	찰리북
48	크리스마스 선물	이순원	김지민		북극곰
49	팔랑팔랑	천유주	천유주		이야기꽃
50	프랑켄크레용	마이클 홀	마이클 홀	김하니	봄봄
51	한밤의 정원사	테리 펜, 에릭 펜	테리 펜, 에릭 펜	이순영	북극곰
52	할머니 주름살이 좋아요	시모나 치라올로	시모나 치라올로	엄혜숙	미디어창비
53	할머니의 여름휴가	안녕달	안녕달		창비
54	행복한 가방	김정민	김정민		북극곰
55	흰 눈	공광규	주리		바우솔
56	힘센 브루저	개빈 비숍	개빈 비숍	공민희	한솔수북